目次

八十八年の回顧

平仄の合わぬ一生

わしは、十二、三ぐらいのころ、漢学の先生のところにかよっとったが、先生の娘さんが詩の稽古《けいこ》をするというので、そのころ同学の医者の息子が、わしに一緒にやらんかとすすめたことがあるよ。当時、詩なんていうものを作ろうなんていう妄念はさらになかったからね、御免をこうむったが、あの時やっとったら、平仄《ひょうそく》ぐらいは合わせよったかも知れぬ。おかげで、平仄の合わぬ一生を送ってしもうた。

「暁」の一字

瀧田塾《たきたじゆく》にかよっとったころ、たいへん字の上手な塾生がおって、それに負けまいと稽古したが、いっこうものにならぬ。字は俺がいちばん下手じゃった。先生が手をとって教えるんじゃけれども、あまり紙を使わせても親に気の毒と思って、いい加減に書いたようじゃった。先生は、はげみになるので一人一人ほめてくれるが、俺のはあまり下手で、ほめようがないものじゃから「――お前のは徂徠《そらい》の書風がある」といいよった。フフ……、徂徠の書に似とるそうじゃ。

そこで思いついたのが、同じ字をなん百ぺんでも稽古することじゃった。「暁――」という一字じゃ。そこでこの「暁」という一字は、わしが一番の書き手になった。

先生の娘さんを戒める

栗野《くりの》（慎一郎《しんいちろう》）とは、わしが筑前の瀧田《たきた》紫城《しじょう》という塾にかよっとったころからの交わりじゃ。……そのころ、栗野はわしより四つ上の二十歳で、わしが十六じゃった。

ところが、瀧田先生には、わしと同年輩の娘さんが一人あった。別嬪《べっぴん》じゃった。この娘さんが栗野を好いて、毎日のようにわしらのところに遊びに来よる。……栗野も非常な美男子じゃった。

いかに先生の娘さんでも、男ばかりのところに来るのはよくないと思ったので、ある日のこと――

「ここは女子《おなご》の来るところじゃない。今後来るようなことがあったら、俺が蹴落してやる」

と戒めたら、娘さんは、

「蹴落すなら蹴落して見なさい」

といって帰ったが、あくる日またやって来た。わしは娘さんに近よると、いきなり縁側から蹴落してやった。娘さんは泣きながら帰った。

そのうちに、先生のところから使いが来て、

「ちょっと来い」

というので、これは叱られるかな……と思いながら先生の前に出ると、先生はわしが娘さんを戒めたわけをきかれた。わしは、

「娘さんが、男ばかりのところに毎日来るのはよくないと思って戒めたのですが、きかないから蹴落しました。娘さんのためを思ってしたことでございます」

と答えた。すると先生は、

「それはいいことをやってくれた。こちらからお礼をいわなければならない」

と、ほめられた。ところがそのとき、となりの部屋から娘さんの泣き声がきこえた。娘さんとしては、さだめしお父さんが叱ってくれるものと思っていたのに、あべこべにほめられたので、泣き出されたのじゃ。

出まかせの素読

子供のおり、亀井《かめい》先生の塾にかようとった時のことじゃ。……坊主の子と、医者の子と、僕と三人づれで、いつでも一緒に行ったものじゃ。えらい烈《はげ》しい先生で、遠慮会釈もなく誰でもどなりつけられたので、みんなピリピリしとった。三人かわるがわる先生の前で素読《そどく》をやらせられたものじゃが、みなオドオドしとるもんじゃから、知っとるのもまちがえた。すると、百雷一時に落つるがごとき大目玉がくだる。するといっそう縮みかえるという始末じゃった。

僕は復習をしたことがないから、なに一つ覚えとらん。そこで僕の番になると、まちがっとろうが、どうしとろうが、そんなことは一切おかまいなしで、小僧がお経を読むように、口から出まかせに滔々《とうとう》とやったもんじゃ。先生は意気を愛しておられたから、僕だけは一度も叱られなかったよ。

師弟の礼

近ごろの学校はどんなものか知らんが、俺《おん》どもが子供の時分、亀井先生の塾で勉強しとったころは、生徒がちゃんと部屋の掃除をして、先生のお出でを待ったものじゃが、先生が来られるとみな平身低頭して、仰ぎ見るものとては一人もありはしない。帰りも同じことじゃ。師弟のあいだというものは、なかなか厳粛なものじゃったよ。

愛読書

別段これといって愛読した本というのはない。「靖献遺言《せいけんいげん》」だけはよく読んだ。十四、五のころじつに愉快に読んだものじゃ。正気《せいき》の歌や、雪中の松柏《しょうはく》を吟じては、大いに気焔をあげたものじゃった。

「論語」も読んだね。自分は若いとき、記憶はよいほうじゃったから、もっと本を読んでおけば、今ごろはよかったがのう。「水滸伝」や「三国志」「漢楚軍談」「太閤記」なぞいうものは、大好きじゃったよ。十ぐらいのとき、夢中になって読んだものじゃや。

仙人の落第生

俺は役に立たん仙人じゃや。……若い時分に、ただの人間ではつまらぬから、仙人になって見ようと思って、深山に立てこもって修養したが、とうとう仙人にはなり切れなかった。俺は仙人の落第生じゃね。

日記はつけぬ

日記は生まれてからつけたことはない。日記に残しとくような大したことはしとらん。昔は、これでも、記憶は悪いほうじゃなかった。手帳も大福帳も持つことはなかったが、近ごろは、ともすると案内の日どりぐらい、まちがえるようになった。それだけぼけとることじゃろう。この調子じゃ、手帳ぐらいは必要になるかも知れんて。

不死身

わしは、虫にさされて腫《は》れるなぞいうことはなかった。蚤《のみ》や蚊も平気じゃった。若いときは、からだじゅう食いつくにまかせて、ポタポタおちるまで血を吸わせたものじゃや。百足《むかで》や蜂も平気じゃね。畑のなかを手でかきまわしていると、よく百足が出て来るが、わざと食いつかせると、指にキリキリからみつく。それを片一方の手でビューッとはじくと、食いついたままダラリとぶらさがる。それでも、歯の立ったところがすこしピリピリするだけで、あとはなんともなかった。人によると、腋《わき》の下のほうまではれあがる人があるのう。

蝮《まむし》は食いつかれたことはないから、わからん。食いつかれたことはないが、食うたことはある。山ごもりをしとるころ、小道を歩いていると蝮が出て来たから、手でつかもうとすると、うしろから大原義剛《おおはらよしたけ》がやって来て「——あぶないッ」なんて途方もない大きな声を出してとめたが、「そんなことをすると、かえってやられる」なぞいいながら、つかまえて引きさいて、持って帰って、焼いて食うた。

足の力

足の早いことでは、高山彦九郎《たかやまひこくろう》よりはすこし遅いようじゃが、たいていの者には負けなかった。半日で十三里は歩けたから、ふつうの人の倍じゃろう。僕の足は、からだの割に小さいのじゃ。小さいほうが歩くにはいいようじゃ。

人参畑の塾にいたころ、夏なぞ足を出して涼んでいると、わきの者が「——貴様の足は、なんという小さいんじゃ」なぞいうから、「いくら小さくとも、走りっこでも、脛押《すねお》しでも、なんでも来い。貴様たちにゃ負けんから……」といばったものじゃ。いつか脛押しで、相手が降参じゃというのもかまわずにおさえつけて、グングンこすりつけたところが、そこだけ白くなって肉が見えとったことがあった。

眼が惜しかった

俺はたいていのことは無頓着じゃが、眼をとられようとしたときは惜しかったね……あるとき夢を見た。猿田彦《さるたひこ》のみことのような、鬼のような天使がやって来て「――貴様は眼を持っていながらちっとも使わんから、えぐりぬいてしまう」というて、焼火箸《やけひばし》のようなものを眼の前につきつけた。その時ばかりは眼が惜しかったね。

それで「これからはかならず眼を使うように致しますから、今度だけはゆるして下さい」とあやまったら、天使が許してくれた夢じゃった。

暴食

二十代の血気ざかりに、野宿・山宿であばれまわっとったころ、居酒屋に飛びこんで飯を一杯一杯と盛らせるのが面倒なので、大鍋をそのまま持ってこさせて、手づかみでムシャムシャたいらげてしもうたら、食いかたがあんまりみごとだというので、居酒屋の婆さんが感心しよった。

食ってゆくこと

俺は若いときは膂力《りょりょく》があって、薪《まき》わりをしても、米つきをしても二人前の仕事はやったから、ゆくゆくは米つきにでもなって食うてゆこうと思うて、食うことなぞはいっこう考えたことはなかった。これは俺ばかりでない。その当時の若い者は、みなそういう気分であった。

真っ赤な陽

子供の時からわしは早起きで、朝、真っ赤な陽ののぼるのが好きじゃった。どんな寒い冬でも、朝は早く起きる。ただ、わしがあまり早いので、家のものが閉口しとるが、死ねば万年でもゆっくり眠りどおしに眠れるからというて、たたき起してやるのじゃ、ハツハッハ。人の家にとまった時だけは、勝手のものが起きんのに自分一人だけ起きても……と思って、仕方なしに寝とるが、はなはだ弱る。朝日を迎える気持は、いつでもよいものじゃ。

生まれ落ちたまま

若い時分には、面倒じゃからひげも伸び放題にさせとった。生まれ落ちてそのままじゃ。時によると剃《そ》ることもあるが、剃るとなると丸坊主になってしもうたりしよったものじゃ。

はげまで無秩序

若いころ、台湾坊主《たいわんぼうず》にかかって、ポツポツはげ山ができたことがあった。面倒じゃから、頭の毛を一本残らず剃ってしもうた。佐々友房《さっさともふさ》が若いくせにテカテカはげあがっとったから、いつも僕は「はげ、はげ」と呼んどった。僕が台湾坊主で少しばかりはげをこしらえたので、佐々が得たりかしことばかり……

「あんまり人の悪口をいうもんだから、どうだ――、こんどは自分がはげになったろう。俺《おん》どもの頭のはげかたは、ひたい口から順々にちゃんと正しくはげとるが、君のは向うに一つ、こちらに一つ、はげかたまで無秩序にはげとるじゃないか」

と盛んに冷笑しよった。

寒暑を降伏すべし

冬のいちばん寒いころ、寒いといって人のふるえるような時には、泳いで見せたり、夏のはだかになっても苦しい時には、着ものをたくさん着て、帯しめて歩いたものじゃ。――寒暑に降伏《ごうぶく》されるのは、つまらん奴じゃ。寒暑のほうを降伏してゆけ。

足はポカポカ

わしは若い時分から、どんな厳寒でも炬燵《こたつ》をいれて寝たことはないね。だいいち気持がわるいからね。さして厚着もせんのじゃが、足はいつでもポカポカしとった。どうかした調子で、腰や足が冷えたこともあったが、やはりそんな時は、からだのぐあいが悪かったのじゃのう。

ながい湯嫌い

自分は愚鈍にして気の短い奴で、なが湯はできなかった。一度はいって、身体じゅうをひっこするだけのことじゃった。

肺病

自分も二十代のとき、どうしたことかだんだん痩せて、十四貫ぐらいになったことがある。医者に見せると、こりゃ肺病じゃから毎日体重を計ってみろというので、翌日計ったら四、五百目ふえた。それからは毎日ふえて、一週間ばかりして見せたところが、なんの病気もない、まったく健康体じゃということになった。

自分は、直覚で医者の誤診を見破ったことがある。ある男が病院で肺病じゃという診断を受けとるというので、見舞に行ったところが一見してこりゃ肺病じゃない、チブスじゃと感じたので、さっそく病院をかえて、その専門医に見せたら、はたしてチブスじゃったことがある。

橋銭

俺が土佐へ行ったのは、二十四のときじゃ。高知に鏡川《かがみがわ》という川があるのう。霜夜の晩、あの橋のうえで寝たことがある。野宿・山宿——たいていのところで寝たが、一生のうちで、あの時ぐらいが俺の安眠をさまたげた宿じゃったろうね。……神社の縁側に寝たこともあったが、自分には、そいつなぞは上等な宿じゃった。はだかで寝て蚊にくわれることぐらいは、もう何のことでもなかった。ぐっすりと安眠したものじゃ。

　そのころ、橋銭《はしせん》をとる婆がおってね、――時にはその金すらなかったことがあるもんじゃから、婆に談判して、ただで渡ろうと思うてもなかなかきかん。そんな時には、下駄と着ものを片手にさしあげて泳いで渡ったものじゃ。

板垣退助を訪う

　明治十一年のことじゃった……

　俺が芋畑を作っとるところへ来島《くるしま》（恒喜《つねき》）がやって来て、大久保《おおくぼ》（利通《としみち》）が斬られたことを知らせてくれた。そのとき来島が、――土佐は何かしでかすようじゃというから、土佐へ行ってみる気になった。何かやるようなら、力を貸してもよいと思うて、板垣《いたがき》（退助《たいすけ》）のところへ電信を出すと、――同志をつれてすぐ来いということじゃから、出かけて行った。

　板垣に会うて、その自由民権の説を聞くと、ルソーが何のかのという話が出たので、次第によってはなぐりつけようと思うて、膝を進めながら――

「もう一ぺん承りたい」

と、つめよった。すると板垣は、征韓論で西郷《さいごう》（隆盛《たかもり》）らと身を引いた時のことを語り、

「当時——、岩倉《いわくら》（具視《ともみ》）の断言したことは、功はおのれに収め、過誤あるときは袞龍《こんりょう》の御衣《ぎょい》にかくれて責任を免れんとするに等しい。……しかしながら、立憲政治の妙諦《みょうてい》というものは、政治上の責任はいっさい有司の負うところとなし、至尊を絶対無責任の地位におき奉るにある……」

というようなことをいうた。そんなら自由民権も悪いものじゃないと思うて、俺も拳骨を収めたことがあった。

死んだら知らしてくれ

若いときは日に二十里ぐらい歩くのは平気じゃった。十三里ぐらいは誰でも歩いたものじゃ。五、六人つれだって鹿児島へ行ったときなど、つれの者は足が棒のようになってしもうて、腰をかけてもポテーンとして曲らなかった。足の底は一面の豆じゃ。三太郎越えというのをやったが、みな草鞋《わらじ》をはくのに、俺は裸足《はだし》じゃった。

たったいちど大阪で脚気《かっけ》をやった。そのときは、二階のはしご段ものぼれず、ゴトンとこけてしもうた。友人があわてて医者を呼ぶやら何かしたが、医者も重態とみて「——もう助からん」という。「それでは一刻も早く郷里へ知らせよう」というから、「死んだら知らしてくれ。いま知らせたって郷里の者がどうすることもできはせん。無駄な心配をさせるばかりじゃ」というて、とうとう知らせなかった。——二十四のときじゃった。

民権婆さん

板垣さんの紹介で、有名な民権婆さんのところへ厄介になった。……自分より二十も年うぇじゃった。

婆さんは、雑煮の餅を二十も食ぃよった。病気というものを知らない。「――頭山さんが病気になるとはおかしいなぁ」と笑いよった。病気というものはこんなものかと思って死んだろう。あんな婆さんが、病気が出なかったら、百いくつまでになる奴じゃろうよ。

その後、東京へも年に一度ぐらいは出て来た。三十ぐらいの婦人がついとった。婆さんのほうがよっぽど強い。下駄ばきで毎日十里も歩きまわる。グズグズしよると蹴たぐられる……といって、その女も閉口しとった。――なに、短刀一本あれば、あいつぐらいなんでもない……と力みよった。またやりかねなかった。

渡辺国武《わたなべくにたけ》が高知県知事をしとったとき、婆さんがたずねて行って、男女同権論を説いたそうじゃ。渡辺が反対して――

「そんなことは、まだ西洋にもないからだめじゃ」

といったので、婆さん開きなおって、

「西洋にもないから……とは何ごとじゃ。西洋にもないことで善いことなら、なお善いじゃないか」

というわけで、さんざやりこめたということじゃ。渡辺もただ反対するだけなら無事じゃったのじゃが、西洋にもない……といったものじゃからやりこめられた。男女同権論でも、今日のとは、ちとちがうようじゃ。——男は男、女は女で天職があるから、おのおの仕事はちがうが、権利は同じじゃ。それとも男のあんたたちができんとあれば、あたしが代りにやって見せようか……といったぐあいじゃやった。

たいぶ前の話じゃが——、わしは婆さんへあてて、

「マダイキトルカ」

と電報を打ったところが、婆さんからは早速、

「イキトルコマル」

と返電が来た。そこでわしは、為替といっしょに、

「セキトウダイウケトレ」

と、また電報を出した。

雨ざらしの石塔

自分は雨ざらしのごとあるね。墓場の石塔のようじゃね。雨風はなんとも思わん。

雪篷から借りた本

川口雪篷《かわぐちせっぽう》から「洗心洞箚記《せんしんどうさっき》」を借り、それを鹿児島からすぐ持ち去って、無銭旅行をしたときに持ってまわった。そして東京に出て来て、国からのぼって来た玄洋社の中島翔《なかしまかける》と会うたとき――

「洗心洞箚記を無断で持ってゆかれたということについて、川口さんが非常に怒って、――あゝいう不屈きな男には腹を切らせにゃならんというて、筑前人と懇意な鹿児島人にまでいいふらしていた。箱田《はこだ》（六輔《ろくすけ》）さんも進藤《しんとう》（喜《き》平太《へいた》）さんも、たいへん心配しておられます」

というから、中島に対し、

「そんなに怒っとるか。……えらい怒り器用な奴じゃ。俺はあの本を表紙だけ見るようなつもりで借ったんじゃない。ほんとうに読もうと思って借ったんじゃ」

と答え、

「貸した本なら貸したように、貸しっぷりよく、貸した効能があるかないか――ほんとうに読む者があれば、このうえのことはない、貸した効能があるか見とったらよかろう」

と手紙に書いてやった。もっと怒るのを見よう――、自分は人の怒るのを興味をもって迎える奴じゃから、もっと怒るのを見たかったからじゃ。

その後、一年たって鹿児島に行ったとき、川口に会うたが、「洗心洞箚記」のことは、自分は少しもいわぬ、一言の挨拶なし。……どういうか、興味を持って向うのいうのを待っていた。三時間ばかり話したのち、友人よりの依頼の揮毫《きごう》を一枚書いて下さいと頼んだら、川口は人の頼んで来ている紙を持ち出して、額やら詩やら七枚、よろこんで勇ましく書いた。……三時間話して、俺が帰りそうにしたから、向うがニコニコして……

「洗心洞箚記はお読みになりましたか」

というから、

「あれは、なかほどで催促なさったから煮えそこなったかも知れんが、たしかに拝見しました……」

すると向うから詫びた——

「あれは、あずかりものだから……催促して失礼しました」

というて、闇斎《あんさい》という学者の註した「靖献遺言」と「陽明文粋《ようめいぶんすい》」二部を持ち出して来た。

そして——

「これは、わたしのものですから、お返しになることはありません」

これを催促した詫びにくれて、それからわしを非常に好きになった。それから——

「せっかくあなたがお出でになっても、大木の伐りあとばかりで……この大木は、五年や十年でできぬもので、遺憾なことでございます」

というておった。

玄洋社と箱田

箱田は立派な国士じゃった。あれとわしとは、人参畑の塾から一緒じゃった。箱田と玄洋社とは、離すことのできぬ関係がある。……箱田は非常に剛直で、つねに表面に立って献身的に働いた。非道なことは一歩も許さぬという風に意見して、玄洋社員を薫陶したから、社員はみな箱田の魂を受け、正邪をあきらかにする武士道精神が昂揚されたのだ。不幸にして箱田は若死《わかじに》したが、もし健在であれば、むろん一方の棟梁《とうりよう》におし立てられたであろう……。惜しいことをした。

平岡という男

箱田とともに、平岡《ひらおか》（浩太郎《こうたろう》）も、玄洋社を語る者の忘れることのできない男じゃ。平岡が北京から戻っての話じゃが……当時、親露派の頭目と見られておった慶親王《けいしんのう》に会うて、さかんに日支和親を説いてから、平岡は――

「あなたがたは、日本はなんでも、伊藤《いとう》（博文《ひろぶみ》）や山県《やまがた》（有朋《ありとも》）らの意志で決するように思っておられるが、日本でこんにち実行力をもつ者は、いわゆる社稷《しやしよく》の臣で、大事あれば至誠をもって国論の帰趨をきめるのである」

というたそうじゃ。……わしはこれを聞いて、大いにほめた。……平岡は負けじ魂の男じゃった。

平岡は、なんでも新しもの好きで、人の知らんようなものを持って得意になっていたが、いつか犬の糞のような煙草をふかしながら、金子堅太郎《かねこけんたろう》のところを訪《おとの》うたところが、玄関で眼がもうてしもうて、取次ぎが出て来ても、ちょっと待って下さいというようなわけで、次の間へ寝こんでしもうたことがあった。

平岡は長い手紙を書く男で、二間も三間もあるやつをすぐ書いてしまうが、俺は手紙というものがどうも書けん。書きはじめても、すぐ書くことがのうなってしまう。安川《やすかわ》（敬一郎《けいいちろう》）が「――平岡の手紙の長いのにも困るが、君の短いのにも困る」といいよった。いまでも、毎日あちこちからずいぶん手紙が来るが、返事は一切書かん。支那の人なぞも時々よこすが、まだ返事を出したことがない。それでも交際にはいっこう差し支えないものじゃ。

平岡は寝坊で、よくわしがひねり起したものじゃ。起されると不平で「――どうも朝早く起きると、その日一日あたまが悪くて考えが定まらん」なぞいいよった。

金のない奴の仕事

玄洋社で金を持っとった者は一人もなかった。みな無一物《むいちもつ》の奴どもがやった仕事じゃ。もっとも当時は金もいらなかった。大根の葉をかじりながら飯を食うたものじゃ。

金があればなくなる。あってなくならぬものは精神ばかりじゃ。玄洋社の再興のような団体が起らんかねえ。

郡長と村会議員

玄洋社のある者が、よくこんなことをいいよった――

「頭山さん、わたしもあなたと一緒にこんなことさえしていなかったら、今ごろは郡長ぐらいにはなれとるとじゃがなあ……」

そこで僕がいうには、

「僕も、君らと一緒にさえやっていなかったら、今ごろは村会議員ぐらいにはなっとるよ」

役人なんぞのことは、夢にも見たことがなかったよ。

「福陵新報」の主筆

自分らが福岡で「福陵新報《ふくりょうしんぽう》」を作ったことがあった。

新聞をやるには、主筆が第一じゃから犬養毅《いぬかいつよし》か久松義典《ひさまつぎてん》の二人のうち、一人を雇って来いといったが、二人ともだめだった。……栗原亮一《くりはらりょういち》が、

「月給はどうでもよいから、すぐ行って書きたい。ついては、ここを立つのに、どうしても三百円いる」

ということじゃった。……大きなことはいうけれどれも、その三百円ができなかったので、栗原の話もだめになった。

そこで、川村淳《かわむらじゅん》というて、福沢《ふくざわ》（諭吉《ゆきち》）のところの優秀な卒業生を、月給百円で雇った。

俺がいま死ねるか

三十前後のころ、二度目に胃潰瘍《いかいよう》をやった時のことじゃ。……医者は熊谷玄旦《くまがいげんたん》という熊本の男じゃったが、それが見放してとてもだめじゃというて、これも、そのころ医者をしていた立花養三郎と二人で、俺の知人の死んだ話から「――こんどは頭山の番じゃよ」と話しているのを、俺のところに出入りする者が耳にはさんで、さっそく飛んで来て――

「医者どもの話に、今度はあなたの死ぬ番じゃというておりますが、そんなに悪いですか」

という。そこで俺が、

「バカッ、俺がいま死ねるか」

と大喝したので、

「それで安心しました」

というて帰ったが、そのころの俺は、まるで骨と皮だけになっていた。その後、だいぶよくなって東京にのぼるとき、下関で熊谷玄旦が俺を見て驚いて、

「頭山は、もうたしか死んだものと思っていたが、よくなおったものじゃ……」

というたそうだ。その俺が今まで長生きして、玄旦のほうが先にいってしまったとは、おかしいものじゃよ。

頭山の区長

わしの親しかった安場《やすば》保和《やすかず》は、十八も年上で、忘年の友じゃったが、彼が福岡県知事になって来たとき――

「区長に誰かしっかりした人物がほしいのじゃが、頭山さんに一つやってもらえまいか」

というたそうだ。すると玄洋社の豪傑が、

「安場――、貴様がどれくらい偉いか知らんが、大きな口をききやんな。頭山は、貴様らとは人間の位どりがちごうとるぞ」

というたので、おじゃんになってしもうた。あんなことをいわれなけりゃ、俺も一度は区長さんになっとったかも知れんて、フッフッフ。

安場が相当の老人になったとき、彼に年をきく者があると、常になく大声で、

「バカに年があるかッ」

と一喝を食らわしたものじゃが、わしも安場と同様、バカに年のないほうじゃ。……いつも気は若く、毎日正月の気分じゃ。「年中正月、常二十歳――」というのじゃ。

議員嫌い

国会が開けるようになれば、俺に議員になってもらうつもりで、みなは財産をことごとく俺

の名義にして備えておいた。俺が承知したわけではないが、向うでそうきめていた。いよいよその時期が来たものだから、みなが俺の承諾を求めた。

「俺が議員するか……」

するとみな不平顔して、

「あなたが議員せんのなら、玄洋社一切、議員選挙に関係せん」

という。……それから俺は、

「議員は俺より上手な奴、好きな奴がいくらもおる。俺は議員になるのは嫌いで、下手だ。嫌いで下手な奴を、ぜひやらせにゃならんというバカなことがあるか。俺は、そんなことの尽力なんぞは頼まん。俺がならなけりゃそんなことはせんというのなら、してくれんでもよい。そんなバカなことをいわなければ、議員は俺が推薦してやる」

こういうてやったら、俺のいうとおりにした。

そのころ、俺の持っていた炭山を質において、議員には一文も使わせず、俺はかげから指図してやらせたのだ。……自分より十四、五も年うえの奴を議員に出したので、新聞記者なぞは、俺をよほど年寄と思うていた。そのころ――三十七ぐらいの時に「頭山翁――」なぞと書いた新聞があった。

「立雲」のいわれ

三浦観樹《みうらかんじゅ》が、四、五十年前、立雲《りつうん》という号をね……

「あの立雲というのは、どういうわけだろうか」

とたずねるので、

「わけというほどのことはないが、…………で雲のうえに立っておる気分じゃ」

というてやったら非常に喜んでね、

「…………は面白い、いかにもあんたらしくてよい」

と感心しておった。

鳥尾得庵の不在

鳥尾《とりお》得庵《とくあん》はなかなかの人物で、伊藤でも、山県でも、長閥の元老なぞといばっている者でも、彼にどなられては一言《いちごん》もなかったようじゃ。彼のごときは、たしかに身のたけ八尺の奴じゃよ。

いつか僕に鳥尾が――

「多くのことはいらんが、年じゅう北京に寝ころんでいるだけの金がほしいもんじゃ」

といっていたが、この一言のうちにも、彼の志はうかがわれる。

鳥尾は談論風発というようなたちじゃった。禅はよほど深かったものらしいが、僕も禅をやるものときめていたらしい。いつじゃったか、僕が鳥尾をたずねる約束をして、二度たずねて行ったが、二度とも不在であった。おかしいと思って、その旨、人をして通ぜしむると、鳥尾

は大いに驚き、

「じつはその日は貴族院も休んで待っていたのだが、さては精神だけたずねて来たのではなかろうか……」

と、禅家は禅家らしいことをいったものだが、あとで聞けば、僕のたずねた家は二度とも團《まる》珍聞《ちんぶん》社長の宅であったとのことじゃった。けれども、三度目にはいよいよたずね当てて、夕方から夜の二、三時ごろまで、坐りこんで話して来た。

荒尾のために金策

荒尾《あらお》（精《せい》）が「——三千円の金がないと恥かきのようなことになる。三千円の金をどうかして作ってもらいたい」といったおり、後藤象二郎《ごとうしょうじろう》に作ってもらいたいと人をやったが、できなかった。……こんどは荒尾が今田《いまだ》主税《ちから》と二人で来て——

「鳥尾さんが判《はん》ついてくれりゃあ、高利貸が三千円すぐ借すという。それでその、あなたから鳥尾さんに頼んで下さい」

と頼むので、

「頼んでやろう」

と引き受けた。……鳥尾は熱海の別荘にいて東京にいなかったから、荒尾と今田と高利貸と三人をつれて、鳥尾に会いに行った。

ちょうど鳥尾が東京へ帰る途中に出っくわした。それから鳥尾と道に立って、

「あなたのところに頼みがあって、荒尾君らと一緒にあなたのところにあがるはずだった。ちょっとここにお立ちより願いたい」

と、路傍の茶店の二階に引っぱりあげ、二人をそばに坐らせ、

「かねてご承知の荒尾が支那でやっとることについて、わずか三千円の金のために――それがないと不都合なことになる。わしもなんとかしてやりたいが、ちょっとわしの手元でそれだけ世話ができないから、これは友人中、あなたにお頼みするが一番よかろうというので、荒尾を同行して、お頼みしに来た。ご一判ねがいたい」

というたら、――高利貸の小林友五郎は鞄を持ってついて来ていた、そういうたら鳥尾が、

「いや、それはごもっともなことでございます。わたしも高利を借りたことはありませんが、しかしせっかくのお話ですから、そういうことでなくてお金は作りましょう……。が、わたしも自分ではなんですから、わたしの友人に出させます。……人は誰でもいいでしょう。井上馨《いのうえかおる》でよろしければ、できることはきっとできますから……」

というが、荒尾は鼻のつまったような声を出して、

「せっかくのご尽力ですが、井上と聞いては……。井上の金を借りるわけにはゆきません」

「それじゃあ、あんたが井上の金を借りんのなら、僕が井上から金を借りて、僕の金として君にやったらよかろう」

「それでも、どうも……」

「そんなら、やめとけ」

と、鳥尾にことわった。

外人を大喝

明治二十五年のお正月をしようと思って、新橋から汽車に乗って、福岡に帰りよった時のことじゃ。……ほかに乗り手もなく、俺の向うに西洋人が乗っているばかりじゃった。そやつが横柄に寝そべって、会釈もしないのがはじめから少々癪にさわっとった。

そのころは、まだ日清戦争の前で、日本人も、西洋人といえばこわいものにしていたし、西洋人のほうでも、日本人を虫けらのごと軽蔑していた時じゃった。

そのうちに、向うがわの景色がいいものじゃから、俺は、つと席を立ってそとを見ようとすると、そのとたんに汽車の震動で、その男の寝ている足に手をついたのじゃ。

すると、そやつがむっくり起きあがって来てなんだかペチャクチャと大声で罵った。その言葉はわからぬが、真っ赤になって目の玉をむき出しているので、俺を罵っているのはわかる。こんな奴に謝罪したってわかりゃせんと思うたから、俺は気色《けしき》ばんでつめよせてから——

「うぬがなんだ、喧嘩なら腕で来い」

と、どなったところが、俺の権幕があまりひどかったものか、そやつがブルブルふるえ出して、それから小さくなって、俺をよう見なかったよ。うぬがなんだ……というたって、向うになんと響いたやら、わかったものじゃないが、顔色でわかったものじゃろうて。

軍備拡張の宿志貫徹

わしは二十四のとき、板垣を土佐にたずねてはじめて知り、板垣らの自由民権運動を助けたわけだが、自分で議員になろうなぞとは考えたこともなく、たびたびすすめられたが、一切ことわった。

初期議会のころから、地租軽減ということが板垣ら自由党側の主張であったが、わしはこれには絶対に反対で、海軍拡張論者であった。当時、暴慢きわまる外国に対するには、軍備を拡張するのがなによりの急務であって、地租軽減なぞというのは、時勢を知らぬ俗論だと、大いに軽減論者を罵倒したものだ。玄洋社のなかでさえ——

「地租軽減はいまの与論であるから、これに反対してはいけますまい」

なぞと、とめる者もあったが、わしは、

「一人の賛成者もないようなことをやるのが、真に民の耳目となる者のなすべきことだ」

というて聞かせた。そこで初期の議会には、自分の炭坑を抵当に金を借りて、議員らには一銭も使わせず、自分が議員にならぬ代りに、筑前ではぜんぶ自分のほうの者を議員にして、自由党の者は一人も出さなかった。かく圧倒的にやっつけたものだから、勝ったほうも負けたほ

うもともに驚いた。知事の安場は、あたまのてっぺんから黄色な声を出して、

「こぎゃん、うれしいことはなか」

というて喜んだよ。議員のなかで香月恕経《かつきじょけい》という豪傑学者が耳が遠いのを幸い、

「人のいうことなどは聞くことといらん。きみ一人で地租軽減反対論をやりまくれ。そしてこの次には同志五十人、またその次には満場一致というところまでやれ」

というて演壇に立たせた。

そのうち第二議会が解散となって、明治二十五年の選挙さわぎとなったが、時の首相松方《まつかた》(正義《まさよし》)が海軍拡張論でゆくについて自分に加勢を頼むものだから、わしは、

「やる以上は徹底的にやらにゃならん。おのれの是と信ずることをやるのに、中途で腰をぬかすようなことがあってはいかんが、絶対に強くやることがおできになるですか」

と念をおすと、松方は誓って、

「たとい六千万人を相手にしてでもやります」

というた。そこでわしは、

「そのご決心ならばよろしい」

というので引き受けた。ずいぶん烈《はげ》しい選挙であったが、福岡県では九人のうち、自分のほうで八人を占め、たった一人だけ自由党の者が出た。

ところが、いよいよ第三議会が開けてみると、松方は反対党からは選挙干渉とかなんとか攻

撃され、元老連からはくちばしをいれられて、とうとうこらえ切れずに辞表を出した。これを聞いて自分は松方に会って彼を責めた――

「わたしにあれほどの言質《げんち》を与えておきながら、途中でやめるとは何ごとです。あなたは万死をもってだに報いるあたわざる君恩を辱《はずかし》うし、君国の負託を受けながら、わずかな難関に遭うて尻ごみするとは何たることです。伊藤・井上・大隈《おおくま》（重信《しげのぶ》）なぞに国を任せて、あなたは別荘へでも逃げるつもりですか。そうなれば、あなたは彼らよりももっと不忠不義なものになりますぞ。そんなことをしているとやっつけてしまいますぞ」

と大喝したらよほどこわかったと見えて、松方はピョンと椅子から飛びあがった。そして長大息して、

「頭山さん、わたしの立場にもなって見て下さい」

と、歎声を発した。大きな男じゃったが、よほど驚いたと見える。向うがあまり恐怖したものじゃから、張り合いがぬけて、それ以上馬倒もできんじゃった。やっつけるぐらいは、やりかねないわしだと思うていたんだろう。すぐその場でやられるとでも思うたんじゃろう。松方にしてみれば、ひどい奴が官権党になったと思うたろう。ずいぶん厄介な道づれで、場合によっては反対党よりもひどくやっつけるんだからな。

で、松方はだめだと思うたから、こんどは伊藤どもが悪いことをせぬよう生肝《いきぎも》を引きぬいてやろうと思い、遠藤秀景《えんどうひでかげ》とともに伊藤をたずねたが、病気で会えぬと、玄関番が取りつがない。

「病気でも差し支えない。念の用事だからお目にかかりたい」

といわせたが、どうしても会わない。

「病気とは嘘だろう」

と、翌朝また行ったら、こんどは不在だという。取次ぎを叱り飛ばして帰り、手紙をやって責めておいた。すると二、三日して松方が自分に会って、

「伊藤さんの取次ぎが、あなたに大変ご無礼をしましたそうで、どうぞよろしくと、くれぐれも頼まれました」

とのこと。さらに三、四日して、当時わしのいた浜の家の女将《おかみ》を通じ、伊東巳代治《いとうみよじ》がぜひ会いたいという。

「おれは伊東に用はない」

とことわったが、女将が、

「あれほどにお頼みですから、ちょっとでも……」

と、しきりに頼むので、それでは……というて、たずねて来た伊東に会うてみると、はたして伊藤のことで、

「あれはまったく取次ぎの心得ちがいで、伊藤さんはそういうつまらぬ人ではありません。わたしがお供をするから、どうぞお会い下さるまいか」

という。自分は——

「このあいだは急に用があったが、いまは時機が去ってしもうた。用のないのに会うのは双方無駄なことだから会わん。しかしご心配のことは、そのことの去ったあとで、なんとも思うとらんから、ご安心なさるようにいうて下さい」

するると、伊東は重ねて、

「それじゃ、わたしの宅に伊藤さんを呼んでおきますから、お会い下さるまいか」

という。わしは、

「いや、またいつかお会いすることもあろう」

というて、ついに会わんじゃった。

そういうさまざまなこともあったが、われわれの希望どおり軍備拡張もけっきょく実行せられ、日清・日露の両役に大勝利を得たことは、いま思い出しても愉快な思い出じゃ。

貧乏修業

若い時分から、貧乏の修業ならだいぶやって来たよ。夏の蚊帳《かや》なし、冬の蒲団《ふとん》なしなんか、平凡な話じゃ。三冬《さんとう》の厳寒、肉をさくような夜に、押入の板敷のうえにゴロリと寝たものだ。暑さ寒さに安眠ができぬようなことは、ないまでになった。なんでも好きですするのじゃない、みんな貧乏がさせた修業さ。貧乏じゃ驚かぬ。

杉浦《すぎうら》（重剛《じゅうごう》）によく「――君は貧乏こぶを出かしとるよ」というて笑ったが、貧乏こぶの出かしかたじゃ、僕もひけはとらなかったよ。犬養もずいぶん根強い貧乏こぶのほうじゃったが、杉浦なんぞの貧乏こぶとは段が違うとるよ。あれのは、だいぶ金のかかるこぶでのう。

　貧乏神じゃって神さまじゃ、粗末にはできん。杉浦なぞ品のよい貧乏神じゃった。あんな貧乏神がうんとおらんといかん。

夫婦の和歌と俳句

　わしは東京で貧乏する、妻は福岡で貧乏しとったころのことじゃ。四十年も前のことじゃろう。執達吏《しったつり》が差し押えなんかに来たころのことじゃ。ある年の暮れ、東京のわしに「金送れ」の謎じゃろう……、妻からこういう歌を書いてよこしたのじゃ――

　呉竹《くれたけ》も雪の重みに堪へかねて
　　いとなつかしき今朝の面影《おもかげ》

だいぶ閉口したと見える。ところが、どうにもならぬ。金の代りに送ってやったのがこの一句……

　呉竹の力だめしや今朝の雪

借用証に文天祥の歌

ある年の暮れ――、餅つき代が千両ばかり入用で、天野寅雄という男がその才覚をしに出て行ったが、藤田組の飯山某から借ることになったというので、ある日、飯山が俺のところにその金を持って来たわけだ。ところが、飯山本人は、一見しただけでもごく落ちついた言葉すくない好《よ》さそうな人物であったが、いっしょについて来た野間伍造という男が、ペラペラとよくしゃべる男で、飯山の代理格で、喋々《ちょうちょう》と金の講釈をして――

「暮れの金ですから同じ千両でも、常のときの千両とはちがいまして……」

とかなんとかいうものだから、俺は、

「講釈つきの金は借らぬ」

というて、ことわってしもうた。

ところが、そのとき知り合いになった関係から、飯山は時々やって来て、おたがい交際しているうちに、合計八千円の金を彼から借りていた。そのうち、彼は突然急病で死んでしもうた。その後、俺は飯山の兄をたずねて、彼からの借金を返しにゆくと、その兄は――

「証文もなにもないことであるし、自分はいっこう知らぬことだから……」

というていたが、

「あなたが知らんでも、僕は借りているに相違ないから……」

というて、ぜんぶ返済したことである。がんらい僕は、三十前後の時はじめて上京したとき、芝口の田中屋にとまった時からして、湯銭まで帳場から借りてゆくぐらいにしたもので、その後も、いつも借金会社の社長じゃ。家なぞも、たびたび店《たな》だてを食うほどに家賃がたまったこともあるが、しかし、借りたものは決して借りっぱなしにしたことはない。

俺の若いころにはずいぶん借金もしたが、たいがいは証文なんか書いたことはなかった。それでもなにか手形をとらんけりゃならぬものがあると、文天祥《ぶんてんしょう》の「正気歌《せいきのうた》」を一句書いてやりよったよ。「――鼎鑊甘如飴《ていかくあまきことあめのごとし》」なぞとね。――これが僕の借金証文じゃった。

俺のような貧乏人が昔あったと見えて、ある男が金借りに行った――

「ここに五百の金がなくては俺は死なねばならぬ。いのちを助けると思って貸してくれ」

と相談して歩いたが、一人も貸してくれるものがなかった、そこで、その男が歌を詠んで、ほんとうに死んでしもうた。歌の文句は――

死んだならたった五百といふだらう
生きていたなら百も貸すまい

世間の人情をよくうがっとる。……友情なぞも死んで見ると、ああも尽しておけばよかったと思うが、生きているあいだは、なかなか尽せぬものじゃ。

金玉均を高利貸へ

金玉均《きんぎょくきん》という男は親類のようにしとったが、才気のある面白い奴じゃった。あるとき高利貸へことわりにやると、ことわったうえに新しく借りて来た。親日であれほど働いたのじゃから、伊藤・山県なんぞが外国人の機嫌ばかりとっていなかったら、あれをなんとかしてやるべきはずじゃった。気の毒なことをした。

金玉均が帰るときのことじゃった。……当時わしは一口《ひとふり》の刀を持っていた。三条《さんじょう》の小鍛冶宗《こかじむね》近《ちか》で、わしが最も愛していた守刀じゃった。いろいろの人がくれくれというたが、こればかりはやらんというて、やらずにおいたところ、金玉均がその刀をほしいという。だが、わしはやらぬという。けれども、いよいよ朝鮮へ帰るというとき、またしてもほしいというので、一度やれぬというたら、言葉をかえぬわしのことをよう知っとるのに、またしても金玉均がいうものだから、わしも、よほどほしいのだろうと思い――

「一度やらぬといった以上はやるわけにゆかねから、とってでも持ってゆけ」

「それじゃあ、とらしてもらおう」

というて、持ってゆきよった。

犬養毅と相知る

犬養とはじめて知ったのは、大隈の条約改正事件のあとで犬養が改進党の組織に奔走しとる時じゃった。犬養がやって来て――

「これをまとめるのは、中島信行《なかじまのぶゆき》かあなたのほかにはないから、なんとか一つ骨を折ってまとめて下さい」

という。俺は、

「たたきこわすことならいつでもやるが、まとめることはとてもできん」
というてわかれた。それからは、たびたび顔をつきあわしても、二人とも一度も会うたことのないような顔をしとった。それがまた、いつのまにか懇意になってしもうたのじゃ。

犬養はたいへんな養生家じゃった。宴会なんぞで、俺がサイダーをくれというと、すぐ横から——

「サイダーはいかん、平野水《ひらのすい》にしろ」

と、人のことまで養生しよった。

「俺はあまくないのは嫌いじゃから、平野水なんかはご免じゃ」

というて、サイダーを飲もうとすると、とりあげてしまいよったことがあった。

犬養は負けん気でおしつけとる男じゃった。山のぼりをしても、一番先にのぼらなけりゃ気がすまんと見えて、ズンズン先へ乗り越して、山のてっぺんでハアハアといって人を見おろしとるという風じゃった。

中江篤介を見舞う

中江篤介《なかえとくすけ》と自分とは妙に懇意じゃった。杉浦は第一回の衆議院に出て八ヶ月でやめたが、中江も同時にやめた。

中江は国を憂うることだけは真剣じゃった。よく俺のところへ話しに来たが「——正直な奴は働けんし、はたらける奴は不正直で困る。かかあと正直者が一番こわい」というとった。議員を罵って「――あれは節操などは薬にしたくもない、どっちでもいいという無血虫の集まりです」というとった。

中江が死ぬ二日前――、俺が、熊本の人で日下部正一《くさかべしょういち》という友人といっしょに見舞にゆくと、喉頭癌じゃから口がきけん。俺の顔をじっと見つめて、手を握ってから、枕もとにある石板に、

「伊藤山県ダメ、アトノコトタノム」

と書いて見せた。俺は黙って、あたまをコクリとさげた。それから日下部に向って、笑いながら腕を三度あげて見せてから、

「マダ立ツゾ」

と書いた。

大井の負けん気

あるとき、中江が俺のところへ来て話しとるところへ、同じ懇意な間柄の男が来た。その男もなかなか垢抜けのした男で、水産会社の社長なんぞをしとった。それがはいって来ると、中江がいるものじゃから「――いや、あなたにも会いたいと思うとったが、無沙汰しております……」というようなことをいうたら、中江が「僕は君に会いたくもなんともないよ」というたので、さすがの彼も、二の句がつげなかったことがある。

大井憲太郎《おおいけんたろう》ぐらい力もないくせに負けん気の男はなかった。何かすると「バカバカバカ」とバカの連発をやって、相手をあっけにとらせたものじゃ。

いつか大阪で中江篤介と俺と三人同宿して、二人が酒を飲んでいるところへ、なんとかいう剣術使いがたずねて来た。いっしょに飲んどるうちに、その男がなんかいったのが気にさわって、大井が例のバカの連発をやると同時に、ポカポカポカと二つ三つなぐりつけた。さあ相手が承知せん――、身がまえてなぐりかえそうとする、大井はつかみかかろうとする。俺がなかにはいってとめたからようよう静まったが、――大井という男はそんな男じゃった。痩せこけて力もないくせに、剣術使いだろうがなんだろうが、つかみかかるのじゃ。

大井は死ぬ前まで、これから満洲にゆくんじゃというとった。……そのころ、僕が女房と子供をつれて国に帰るとき、大井が送ってくれた。すると、同じ汽車で星《ほし》（亨《とおる》）が朝鮮にゆくところだ。自由党の連中が待合室に一杯になっとる。その盛大なのを見て、ぐっと癪《しゃく》にさわったものと見えて、大井はそのなかにわけいって、星をあごのさきでしゃくりながら「――い、い、ふくれがゆきよる」と大声でどなったものだ。――星が傲然とふくれておるのを罵ったのさ。

大井は、赤貧のなかで二年もわずろうておったが「――なに、もう少しすればよくなるだろうから、もういちど満洲へ出かけようと思う……」なぞといいながら、死ぬまで国家の大計を憂えておった。

千六百円の家

北海道の山を売って多少金を持っとるとき、ある人が来て、二千円だけくれというからやった。何にするのかと思ったら、黒田家に千六百円の売家が出ているから、あれを買って、残りの四百円で修繕して、あなたの家にするつもりだといった。その家にしばらく住んどったが、じきに雨が漏り出したので、しきりに新しく家を建てさしてくれといって来たが、どうしても許さなかった。——あなたが建ててもいいと一言いってくれれば、金なぞは、一人でも出すという人があるんだが……なぞと残念がっておった。新築の費用に——と送って来た金を使ってしもうたりするので、たいぶ小言をいわれた。

天下の悪筆

一番はじめにわしに揮毫させたのは、杉浦じゃ。……四十年近くも前のことじゃろう。わしのところへやって来て「——ぜひ、なにか書け」と帳面を出してせがむ。「僕に字を書けとはおかどちがいじゃ」というてことわったが、

「いや、ぜひ書いてもらわにゃならん。書いてくれなけりゃなんべんでもやって来て頼む。どうせ書いてもらうんじゃから、いま書いてくれたらよかろう」

とだいぶ手きびしく迫るので、とうとう書いたが、その文句は「無声之声能通無形之天耳」

と書いたように思う。それもよく覚えておらんじゃったが、杉浦のほうが覚えていたので思い出したわけじゃ。

杉浦は詩も作るし、歌も作るし、趣味の広い学者じゃったが、わしと来てはまったく不器用で、字を書いても、よくまちがった字を書く。近ごろはさほどでもないが、以前は一枚書くと、たいてい一字ぐらいは嘘字《うそじ》を書くか、抜字《ぬけじ》をするかしたものじゃ。黒田侯から頼まれて書いた額に「守愚——」と書いたところが、「守」という字のくずしようが悪くて「寺」という字になっていたそうじゃ。そこで「愚を守る——」が「寺は愚なり」となったわけじゃ、ハッハッハ。

文字の本場である支那人に頼まれた揮毫にも、まちがった字には仮名をふってやるなぞ、わしの字と来たらずいぶん無茶じゃ。

古い話じゃが、荒尾精がわしに「——およそ天下の悪筆といえば、あなたと山地独眼龍《やまじどくがんりゅう》が一《いっ》幅対《ぷくつい》じゃろう」といいおった。……ところが毎日毎日の揮毫攻めで、みながわしに字の稽古をさせるので、今までどれほど書いたか知れぬ。八代《やしろ》（六郎《ろくろう》）なぞが時々「——これはよい筆です」といって筆を持って来たり、犬養が竹筆を持って来てくれたり、よってたかって、わしを一《いっ》かどの書家かなんぞのようにしてしもうた。犬養はわしが揮毫に墨汁を使うのを見て「——墨汁じゃだめだ、あれは年数がたつと消えるから……」というてとめたが、わしは字が消えたって一向かまわぬ流儀で、あいかわらず墨汁だ。しかし、このごろは墨汁もよいのができるそうじゃ。字も毎日四、五枚書くぐらいならよいが、いつか旅行で、たれかれから一時間に二百枚も書かされたことがある。あまり多く書かされると、しまいにはかんで吐くような字になる。

化けものは子分

梅田雲浜《うめだうんぴん》の姪という人を、国士館の山田悌一がつれて来たことがある。元気なお婆さんで、鯛《たい》の茶漬を馳走したら、一ぺんで好きになってしもうて、ひとりで喜んどった。

病気になって山田の看護を受けとったが、化けものが出てしようがないから、頭山さんに頼んで追いのけてもらってくれという。山田が「――わたしがついておりますから大丈夫ですというてもきかんから、一度来てくれ……」というので、出かけて行って「化けものはみな俺の子分じゃから、これから出んごと、よくいうておきます」というてやったら、たいへん喜んで、それからは化けものが出なくなったそうじゃ。まもなく死んだがね……。

火事見舞

俺のもの忘れは、若い時分からのことだよ。いつであったか、山際永吾《やまぎわえいご》の近所に火事があったので、その見舞にゆこうと思って出かけたが、車に乗ってゆくうちに、とんと火事見舞のことを忘れてしもうて、ズンズン当途《あてど》もなく走らせているうちに、ちょうど、どこか焼跡を見て、ああ俺は火事見舞にゆくんじゃったなと思い出して、それから山際の家に行ったが、さて座敷へあがってから、また見舞のことは忘れて、ほかの話をしているうちに、先方から「——きのうは近所が火事でしてねぇ」といい出したので、やっと気がついて「じつは俺は、その火事見舞に来たので……」といって大笑いをしたことがあった。

孫文の亡命と最後の会見

孫文《そんぶん》が第二革命に破れ、日本を頼って亡命して来たのは、山本権兵衛《やまもとごんべえ》が最初の内閣の総理をしとった時じゃ。

孫文は神戸につくと、そこから電報をよこして、東京へ来たいということだったので、わしは政府に孫の世話をさせようと思って、寺尾《てらお》（亨《とおる》）を山本のところへ話しさせにやった。ところが寺尾は非常に怒って帰って来た——

「山本は実にけしからんことをいう奴じゃ。——孫のようなものを世話はできん。あんな者は日本におかずに、アメリカへでも追っぱらったらいいではないか……といった」

当時の支那公使は伊集院《いじゅういん》（彦吉《ひこきち》）で、袁世凱《えんせいがい》と仲よくやっとったので、その袁世凱と孫が戦って日本に来たのだから、山本も伊集院の意見を用いて、孫の世話をすることを迷惑に思ったのじゃろう。

そこでわしは犬養が山本と親しくしとったから犬養に山本の本心を突きとめさせることにした。犬養はそのころ、鎌倉へ静養に行っとった。わしが——

「ヨウジアルスグコイ」

と電報を打ったら、すぐ帰って来たので、

「孫のことで、寺尾を三度も山本のところへやって話をさせたが、山本は実にけしからんことをいうたそうじゃ。あれがほんとうにそんなことをいうたなら、わしにも考えがある。一あてめて来てくれ」

山本にあててやろうと思うから、孫の世話をするのかどうか、君が行って山本の本心を突きと
と話した。犬養は、

「さっそく突きとめてみよう」

と引き受けて、山本のところへ行った。あくる日、犬養の帰って来ての話に――

「山本に会ってよく話した。ところが山本は、――俺はそういうことはいわん。寺尾のいいかたがそう聞えたかも知れぬが、自分は孫の世話をするつもりでいる。寺尾があたまから議論を吹っかけるので、こちらも相手になったのだ……」

と報告した。ところが犬養の帰りがけに、山本は、

「しかし迷惑は迷惑じゃね……」

というたそうじゃ。それで犬養は、

「ああいうことをいうところを見ると、寺尾のいったことは事実にちがいないかも知れぬ」

というとった。

それから、古島《こじま》（一雄《かずお》）と美和《みわ》（作次郎《さくじろう》）が神戸へ行って孫をつれて来て、わしのとなりの家を借り、わしの家とのあいだの壁を切り抜いて出入りのできるようにして、毎月の費用は五百円ずつ安川に出させて、久しく住まわせた。……そのころのわしの住まいは、赤坂霊南坂《あかさかれいなんざか》じゃった。

孫がなくなる前、北京にゆくことになったとき、わしに神戸に来てくれと電報をよこしたので、わしは出かけて行って孫と会うた。そのとき孫は――

「ロシアのことはたいがいイギリスの宣伝ですよ。どうかロシアのほんとうのところを、一つ十分に調べてみて下さい。……イギリスほど悪い奴はありません。日本と米国の仲を離れさせるために、イギリスがいろいろ宣伝したのじゃから、日本がその手に乗ってはならない。日支が一体となって、印度を独立させ、東洋からイギリスの勢力を追いはらわねばなりません。それには日本の陸海軍を強大にしてもらい、それでやるよりほかありません……」

というておった。この点はわしもまったく同意見で、わしはまずイギリスからやっつけて、アジアの健全な復興を図ろうという考えじゃった。

元のまま

鹿児島の河野《こうの》主一郎《しゆいちろう》は、のちに霧島《きりしま》の宮司となった男で、もう四十年も前の友だちじゃが、それがたずねて来た。その男がいうには――

「人間はたいてい、十年も会わんでいると見ちがえるように変っとるもんじゃが、頭山さんは元のままでちっとも変っとらん。進歩もしとらなけりゃ、利巧にもなっとらん」

と、うわさ話をしたところが、それを聞いた薩摩隼人《はやと》の一人が――

「元のままのところがいいところじゃ。変るのならいくらでもごわす」

と評しとったそうだ。

不言

三浦観樹が俺のことを、くらやみから牛が角《つの》を出したような……ということがあるが、俺は不言じゃ。

ボースをかくまうまで

ボースが日本へ来たのは三十一のときで、いま五十七じゃから、二十六年になるが、ついこのあいだのような気がするね。運の強い男じゃ。よく印度を逃げ出せたものじゃ。印度総督を暗殺しようとして、やりそこねて大怪我をした。タゴールがしじゅう外国へ出かけるので、そのお供のようなことにして、印度を逃げ出したようじゃ。

俺がはじめてあれに会うたのは、イギリス官憲につかまる七日前じゃった。宮崎滔天《みやざきとうてん》がつれて来た。つかまって上海へ送られることになった。上海に送られれば殺されるにきまっとる。

十日待てばアメリカへゆく船がある。それへ乗れば助かるから、十日の日延べができんじゃろうかと、俺のところへ相談に来た。そこで俺が犬養に頼んで、内務大臣の一木喜徳郎《いちききとくろう》を説かせ、寺尾に頼んで外務大臣の石井菊次郎《いしいきくじろう》を説かせた。一木のほうは、とても駄目じゃというし、石井のほうは、かえって威嚇するようなことをいうた——

「あの印度人はドイツのスパイです。同盟国の敵たるドイツのスパイをかばうと、あなたがたのおためになりますまい……」というた。それを聞いて俺が「ドイツのスパイじゃから助けるのじゃ。イギリスは印度にとっては不倶戴天《ふぐたいてん》の仇じゃ。それゆえドイツは印度の味方じゃ。印度人がドイツのスパイになるのは当り前じゃ。イギリスのスパイになるような印度人なら、唾もひっかけん。かならずボースを助けてやる……」というた。

日本はイギリスに味方して参戦したが、日本政府がイギリスの巡査のような者から命令されて、印度人をみすみす殺したとあっては、いち印度人の生死の問題でなく、じつに君国の恥じゃ。そこで、俺がどうしてもボースを助けようとして、杉山《すぎやま》（茂丸《しげまる》）を呼んで——

「こういうことになったから貴様ひとつ手を貸せ。俺は天下の損害引受会社の社長で、貴様はその社員じゃから、なにかやらにゃいかん」

というた。それからまた内田《うちだ》（良平《りょうへい》）を呼んで、

「ボースをどこかへかくせ」

というた。そこへ出て来たのが例のパン屋の中村屋じゃ。俺はもちろん中村屋を知らん。中《なか》

村進午《むらしんご》という早稲田の先生の兄で中村弼《たすく》というのがある。——尾崎《おざき》（行雄《ゆきお》）の秘書をしとったが、妙に俺が好きじゃと見えて、ときどき来よった男じゃ。それが中村屋と懇意じゃから、寺尾亨からでも聞いた話を中村屋にしたものと見える。中村屋がぜひ世話をさせてくれというて、中村弼を介して俺のところに頼んで来た。それは面白いからその男に会おうというて、中村屋をここへ呼んだ。内田にかくさせるよりは、世間の目をくらますによかろうと、中村屋に頼むことにした。

それで日延べ以上のことになった。政府でも弱味があるから、強いて詮議だてするのを避けたようじゃ。総理大臣は大隈じゃったが、この話を聞いて「——背景が悪い」というたそうじゃ。こっちは、君国の面目に関すると思うてやっとるのじゃから、背景が悪いはずじゃ。

ボースはその後、中村屋の娘をもろうて子ができた。俺のところへ来て「——名をつけてくれ」というから「子の名は親がつけるものじゃ」というと「——わたしも、わたしの子も、先生の子です」というから「そんなら……」というて、正秀《まさひで》とつけてやった。蒲生君平《がもうくんぺい》の詩に「——勇義楠河内《なんかわち》、英雄柴筑前《さいちくぜん》、二公誰か学ぶべき、剣《つるぎ》を杖《つ》いて蒼天に問ふ」という句がある。それで正成《まさしげ》と秀吉《ひでよし》と二人の名をとったのじゃ。ボースのことは、わかったようなわからんようなふうで、二十なん年かたった。あれも、今となっては感慨無量じゃろう。

まちがった電報

九代目団十郎《だんじゆうろう》の生きとったころは、芝居の変り目ごとにたいてい見に行った。団十郎はえらいものじゃった。……遠山満という俳優がおるそうじゃが、たびたび、僕がまちがえられる。いつであったか「——ゲキノコトドウナッタ」という電信が舞いこんで来たことがあった。

まわり来る金

自分は生まれつき不器用な男で、何のとりえもなく、餓死《うえじに》でもすべきところを、こうして生きているのが不思議なくらいじゃ。石塔が頰かむりして飯食うとるくらいに考えているよ。どんなことがあろうとも、なんとも思っちゃおらん。それでいて、不思議に金にも大した不自由はせぬ。三千円の金がないと困ると思うていると、あまり困らないうちに、それがヒョイとはいって来る。千円急にいると思うていると、それがどこからかまわって来るといった塩梅《あんばい》じゃ。

震災の思い出

大正十二年の震災のときは、あの前の日に御殿場《ごてんば》へ行って、御殿場で地震に遭うた。ちょうど昼飯を食うとる時じゃった。そのうちにはやむじゃろうと思うて、じっとしとったが、妻の母がおって「——早う外へ出なさい」というから、いっしょに外へ出た。揺れが激しいので、歩けんくらいじゃった。俺はいったん外へ出てから、地震がやんだらまた飯を食おうと思うて、家のなかへ戻って来た。そのとき——大揺れに揺れて、膝をついた。下にランプが壊れて落ちたので、膝のやおいところにガラスが深くささって、かなり血が出た。それからそとへ出ると、松の木があったから、松の葉をとって、かんで膝の傷へすりつけた。自己療法で、それなり薬もつけんでなおってしもうた。……地震は東京よりひどかったようで、柱が折れたり、鴨居が盛りあがったり、屋根がくずれたりした。地面にも竹藪にも、一尺ほどのわれ目ができた。

たった一度の嘘

宮中へ召されたときか……フッフッフッ、嘘はつかんように気をつけとるが、あのとき、とうとう嘘をついてしもうたやねえ。神鞭《こうむち》（知常《ともつね》）・佐々・根津《ねづ》（一《はじめ》）らとはじめて伊藤に会いに行ったとき、俺が着流しで行ったものじゃから、神鞭が気にかけて「――この次ゆくときには袴《はかま》だけはつけて行ってくれ」というから、二度目にははいて行った。そのとき、伊藤があのシルクハットとやらいうものを持っとったから、それを指して「神鞭君――、袴だけはきるが、こんな物は一生かぶらんぞ」というてやったことがあった。ところが、妙な顔をして黙っとったそうじゃ。……ところが宮中に召されたとき、かぶらんわけにはいかなかったので、地下の神鞭にとうとう嘘をついてしもうた。

残るは一人

二週間ばかり国へ帰って来ようと思う。こんど帰るのは、獄中でうしなった母の五十年忌をやるためじゃ。……一年に一度ぐらい帰れとみなから言われるが、なかなかできん。十年の戦争の前に牢にいれられとった者が十人あったが、今日まで生き残った者は、進藤と俺と二人じゃった。その進藤も去年死んで、とうとう一人になってしもうた。

飛行機の乗り心地

立川の飛行場へ行ったときの話じゃ。……末永一三《すえながいつぞう》も一緒じゃった。いっしょに行った連中が――

「飛行機にお乗りになってはどうですか」

とすすめるものじゃから、

「うん、乗ってもいい」

というたら連隊長が遠慮して、

「ご老体ですから、万一のことでもあったら……」

というので、こっちも遠慮した。

そこへ朝日新聞社の者が来て「――ぜひ飛行機へお乗り下さい」というから、乗ってみた。和服のままじゃよ。眼鏡なんぞをかけてくれただけじゃ……。

飛行機は面白いものじゃのう。自動車も早いようじゃが、飛行機はあがるから愉快じゃ。おりる時も決していやなことはない。なかなかぐあいよくおりるものじゃよ。

あとで陸軍のほうでは――

「どうせお乗せするのなら、こちらでお乗せしましたのに……」

というておった。……陸軍ではいろいろに説明してくれて、衝突飛行機というものに乗ってみた。敵の飛行機へぶつかって行って蹴落すのじゃそうな……。それでなくちゃいかんね。

南京虫

孫文の移柩祭《いきゅうさい》があって、南京にゆく途中、上海でとまった時のことじゃ。ついて来た者が、――南京虫に食われたが、先生はどうか……とたずねよった。わしは、出たかも知らんがなんにも知らず、四時間ばかり熟睡した。四時間寝ると、元気を回復するね。むかでの毒になんともない奴じゃから、南京虫ぐらい平気じゃ。僕がむかでにわざと食いつかせて、はじき殺すというたら、鳥尾得庵がびっくりしとったこともあった。鳥尾は、耳のあたりを食われると、膝の下まではれる男じゃからね。

盟友田中舎身を思う

わしの若い時分、月成光《つきなりひかる》が忠僕のごとしてついておった。いい男じゃった。来島恒喜と爆弾投げを争った、――涙を流して争った。

この月成を介して、はじめて舎身《しゃしん》と会うた。月成は舎身と同年ぐらいだったろう。……わしと舎身とは、友だちの金婚式のようなもので、ずいぶん古いつきあいじゃった。何をやるにも一緒じゃった。わしが黙っていても、いいたいことを舎身がみなしゃべってくれた。

舎身はほんとうに親切じゃった。国にも人にも親切のかぎりを尽した。……舎身の死ぬ前に、本多熊太郎《ほんだくまたろう》と一緒になったとき、本多が、

「田中のような人間はもう出ない」

というておったよ。……その翌日、舎身を見舞うたところが、舎身はわしの顔を見ると、ニッコリ笑うて、

「まだ相撲一番とるぐらいの元気はある」

というた。しごく平和な顔つきで、少しも元気の衰えた様子は見えなかった。……それから三日して、舎身はついに死んだ。

杉山茂丸との交友

杉山茂丸とわしとが、はじめて相知ったのは、あれが二十二のときで、わしは三十一のときじゃった。

杉山は先見の明のあった男で、ふつうの者よりは二十年も三十年も先のことに眼をつけていた。だからふつうの者から見ると、杉山のいうことがまるで法螺《ほら》のように聞えたと見え、「法螺丸――」なぞと呼ぶ者もあった。

杉山が、伊藤のすすめで警視総監になりかかったことがあった。そのとき、杉山はわしのところへ相談に来たので、わしは、

「………になるかッ」

と一喝した。それからあれは、伊藤のほうへことわりをいうて、とうとう一生浪人で終った。あれも官吏でおし通したら、むろん総理大臣になっていたろう。わしと交わったために、ならずじまいじゃった。

もの忘れと仕事

近ごろ少々もの忘れをするようになったから仕事のほうでだんだん減ってゆくかと思うたら、仕事はかえって多くなって来るよ。世のなかは変なものじゃね。

紹介状を書くのに、つい目の前にいる人の名を忘れて「君はなんといったかね……」ときくものじゃから、きかれたほうでたまがりよる。神鞭知常は五十八で死んだが、ときどき自分の名を忘れることがあった。俺もいまにそうなるかも知れん。

三国同盟とオット大使の述懐

三国同盟は、よくやった。これについては、かれこれいう者もあったが、誰がなんといっても、自分は、つとに実現せねばならぬと考えていた。……日本はあくまでも独伊と手を握りあ

ってゆかねばならぬ。

先年、オット大使が、日本の大使になって来たとき、赴任するとすぐに自分のところに来たことがある。そのとき――

「これまで私どもは永年《えいねん》、まったく誤ったことをしてまいりました。いままでは功利・利害を見てまいったのですが、何ごとも精神・人格を本としてやるのでなくてはなりません。いまではそこに目覚めまして真剣にやりつつあります。そうして、お国に来て、崇高なる富士山を仰ぎ、廉潔なる桜花《おうか》を見まして、まことに感を深く致します。ただいまの私どもは、お国とたしかに共通の点ありと信じます。これをもって進んでゆきますからご承知ねがいます……」

というておった。……それだから自分は、日独伊防共協定成立の祝賀会があったときも、出かけて行って万歳を三唱した。

米寿の祝い

俺の八十八の祝いをしてくれることになったそうじゃが、自分は祝いなぞということは嫌いじゃからことわった。すると発起人が「――先生より私どものほうが死ぬかもわかりませんから、ぜひ生きているうちに祝いをさせて下さい」というから、それじゃあ……というて承諾した。

八十八まで生きると友人の五十年祭をやることになる。金玉均は来年が五十年だし、九十一まで生きると、荒尾精の五十年祭をやらなけりゃならん。

赤羽織

五十年、百年はいつのまにか経ってしまう。赤羽織までこしらえてもろうて、だいぶ賑《にぎ》やかなじいさんになった。

八十八年粗末に扱ったからだ

このあいだ――、ある医者が、ドイツでできたという機械で、からだをすっかりみてくれたが、どこにも病気というものがない、すべての器官が三十年若いということじゃった。年をとると、たいていの者は、腎臓が悪いとか、心臓が悪いとかいうが、俺はちっともそんなことはない。動脈硬化なぞいうこともない。小便と血は、いつもきれいじゃ。

もっともときどき食い破って胃腸をそこねることはある。今年になってからも一度やった。夜中に十八回も下痢があったから、翌日一日なにも食わんで、二日目に重湯を少々飲んで、三日目から粥を食うたが、それですっかりよくなった。

若いときからずいぶん粗末に扱うた身体じゃが、それでもこれだけもつのじゃから、大事に使うとったら二百ぐらい生きられたかも知れん。百まではもうすぐじゃ。酒を飲まんのがよかったのじゃろう。酒とタバコと茶は嫌いじゃ。茶が嫌いじゃから、浜茶ばかり飲んどる。薬はほうぼうから種々さまざまのものを持って来てすすめるから、みな飲むが、きくのもあればきかんのもある。さいわい今まで毒殺もされんじゃった。

俺のからだはいったい子供のようじゃそうで、畳のうえへ仰《あお》むけに寝ると、背骨がピッタリと畳について、手をいれる隙もできん。いま少々風邪を引いとるが、咳がすこし出るだけで熱はない。これくらいのところが中くらいじゃ。

心境

わしは、自分の絶対の自覚信念を喜び楽しんでおるばかりじゃ。迷いもなく、恐れもない。ただそれを楽しんでおるだけじゃ。ほめようと、そしろうと、人の勝手しだいじゃ。凡人など百人おろうと何人おろうと、おのれ一人きりが頼みじゃ。その百人のうちに万世生きとおし、不老不死の奴がたまにはある。

笑う奴には笑わせておけばよい。佐久間象山《さくまぞうざん》は「――嗤《わら》う者、汝《うぬ》が嗤うに委《まか》す。謗《そし》る者、汝が謗るに任す。天光、我を知る。他人の知ることを求めず……」というておる。

しいて知己を人間に求めようと思っていない。天地を相手としておればそれでよい。自分一人を多数と思っている。ひとりでいて淋しくない人間でなくてはならん。……自分は絶対の魂は人後に落ちんが、学者でもなければ、能者でもない。

ひとりでいて淋しくない人間になれ――。子供の時分からこの考えでいたが、今でもそうじや。世間には、わしが浪人者だから不遇じゃの気の毒じゃのという者があるようじゃが、わしは何とも思わん。不満も不平もない。日本という結構な国に生まれたことが、何よりありがたい。

ただ、開闢《かいびゃく》以来、祖先から受けたところの大恩をいかにして報いるか――。それをひたすら考えるだけである。そのためには励精《れいせい》あるのみじゃ。

大東亜戦争まで

日本人に生まれた幸福

おたがいが、人間としてこの世のなかに生を得たことは、まことに幸福なことであるが、そのうえ日本人として神さまの命を受けて生まれて来たことは、なんともありがたい次第である。最真・最善・最美の日本国家じゃということを、子供の時分からしっかり教えこむことが、教育の根本義じゃ。こういう結構な国に生まれなかったら、俺《おん》どもも、どんなことをし出かしたかわからん。

人間は朝霧のごときもので、朝《あした》に夕《ゆうべ》を図ることもできぬが、この一事を考えて、寸時も努力を忘れぬならば、不老不死、千年万年に生きることができる。そうなれば、この世のなかの何ものよりも幸福といわなければならん。しかしながら、ちょいとでも油断して努力することを忘れると、たちまち無意義に生を終ってしまう。けだものの生は無意義なものではあるが、人が人たるの勤めを忘れるときは、けだものほどの価値もなくなってしまうのである。

神と人間

日本人は一奮発すれば神になる。西洋人は一奮発すれば人間になる。日本人が神になる素質を持たなかったならば、いかに西洋文明をとりいれても、弱小国にしかなることができなかったろう。

三千年叩きあげて来た国

道徳の粋を抜き、積善を重ねに重ね、人間美の極致をきわめたのが、この国体じゃ。これほど力を道に致した国がどこにあるか。

家は孝悌《こうてい》をもって固め、国は大義親を滅すというわけで、三千年の大昔から叩きあげてあるのじゃ。これをもって世界を順従せしめるのがこの国体じゃ。大勢に順応するなぞという根抵のないことじゃない。神さまの祝詞《のりと》にあるばかりでなく、これまでの事実がそうだったのじゃ。……孔子《こうし》なんどは夢床にも忘れなかったことが、そのまま実現しているのじゃ。孔子をして日本を見せしめたら、よだれをたらすことだろう。

日の丸の旗のもとに

世界中で一番この立派なものを持っているのは、日本をおいてほかにはないのじゃ。世界の人類がなん十億あろうと、旭日《きょくじつ》かがやく日の丸の旗のもとに、なびかぬものはないはずじゃ。日の丸をおしたてとる国は、世界を仁義に統一する使命を有しとるのじゃ。そこには神意が存している。神が二つのものを作るはずがない。

世界一家

世界一家の御天業は、神さまが定めておかれたのじゃ。おそかれ早かれ、そうなるにきまっとる。ただ、時の人がだらしなければ、ひまがいるだけのことじゃ。日本即世界じゃ。

高天原

誠の一点において神人合一するのじゃ。誠の心――すなわち高天原《たかまがはら》じゃ。

魂の国

国も人も魂じゃ。魂のない国、魂のない人は、国でも人でもない。不滅の魂をもって国と人とが事にあたれば、何ごとも成らんということはない。……日本は魂の国じゃ。

忠孝は二本の角

日本は忠孝を本としなければならん。たとえば、忠孝は二本の牛の角《つの》じゃ。――この角あるがゆえに、日本は日本みずからを守り、進んで世界列強と伍してゆけるようになったのだ。ところが、そとの国から見ると、日本のこの二本の角が恐ろしさに、なんとかしてこの二本の角を引き抜くか、または角を鈍くするように、さまざまの手段を弄しておるのじゃ。

文・武・農の三道

文武の両道ということは、昔から人がいっとるが、文・武・農の三道としたところは、さすがに南洲《なんしゅう》先生じゃ。智・仁・勇の三徳に配したところじゃ。百姓は国の宝で、これを度外において国の政治が成りたつものじゃない。昔から、百姓を粗末にして栄えた政治家は、一人もありはせぬ。

日本の宗教

国民は確乎たる道義の概念があれば、それでよい。それが日本の宗教だ。

小国で大国

日本は、外国とちがったところが三つある。小国で大国じゃ。小男で大男じゃ。小人数で大人数じゃ。

追遠と誕生祝い

なるほど西洋では誕生祝いはやるが、追遠《ついえん》ということはせんようじゃのう。そこらが日本の他国とちがうところじゃ。孔子は「祭《さい》――」ということに、もっとも重きをおいた。支那では祭は重く見てずいぶん盛んにやるようじゃが、日本のように神さびた、厳粛な神社のような趣きはないようじゃのう。

秋風蕭条

なんといっても、御一新は西郷・勝《かつ》（海舟《かいしゅう》）の力じゃ。西郷が前棒《さきぼう》をかつぎ、勝が後棒《あとぼう》をかつぎ、あとから有象無象《うぞうむぞう》がエンヤエンヤとおし出したのが明治の五十年、大正は十有五年の大帝国となったのじゃ。……向う鉢巻に腕まくり、なかには始末におえぬ乱暴者もあったが、報国の丹心は六尺のふんどしでウントコサと締めこんで、国家のためなら妻子もすて、わが身の露と消ゆるのを惜しまなんだ。なんといっても、維新当時をかえりみると、たのもしい人物がだいぶいたものよ。お手軽に承諾はせぬが、承知をすれば千鈞《せんきん》の力になってくれた。いわゆる季札二諾なく、公嬴一言《こうえいいちごん》を重んずという手合が多かった。

大事を托すべき人々がだんだん乏しくなってゆくのは、心細い限りじゃ。どちらを向いても秋風蕭条《しゅうふうしょうじょう》、いずこも同じ秋の夕暮れじゃのう。

魂の蚕食

日本は外国から領土を奪われたことはないが、魂はだいぶ奪われたのう。耳たれ犬ばかりになって、耳の立った犬がなくなってしもうたように、人が魂を奪われてしもうた。人間の耳がたれさがって来たら変なものじゃのう。……日本人があまり西洋のまねばかりするものじゃから、このごろは、ロシアが日本のまねをはじめたそうじゃないか。

この軟傾向をいかんせん

もう青年の人々には、国家のことに直接関係するという概念がおいおいとなくなって来た。借銭をしても国家のためにするという風は、だんだんなくなって来た。身を忘れて、人のため国家のために尽すという考えが日増しにすくなくなる。

かくのごとき軟傾向——おのれあるを知って他あるを知らず、家あるを知って国あるを知らぬようにしたのは、ひっきょう政治家の責任である。一国のまつりごとにあずかるものが確乎たる根抵がないからだ。政治家連に、もっと奮発してもらわねばならぬ。青年もまた、先輩をまたずに奮発せねばなるまい。本気の力というものはえらいもので、一人の至誠でも国を動かすことができる。七たび生まれかわり、君のために身を殺すというところに、大和魂《やまとだましい》の骨髄が存するのじゃ。……廟堂《びょうどう》に立つものはなおさらであるが、国民もまた、根抵の立脚点を堅固にしなければだめじゃ。根本が堅固でないと、わが国の領域のみ空しく拡大しても、要するに生命なき一種の虚栄にすぎぬ。日本人は、真に忠孝を本としなければだめじゃ。

日本も困ったものじゃ

あるイギリスの教育家が、ここへ来ていうたことがあった。「——日本の学校教育はまったく方針を誤ってしもうとる。ただ外国を模倣するばかりで、日本固有の精神というものは一つも見ることができん。これではとうていだめじゃ。お国はどうしても、お国固有の武士道・大和魂というものを本として教育を起さなければいかんと思う。切にお国のために惜しみ、去るに臨んで失礼ながら一言を呈する次第じゃ……」というようなことを言うたことがあったがのう。外国人にこんなことを言われるようになっては、日本も困ったものじゃ。

ちがった教育

日本の教育は、日本人を材料にして外国人を作っとる。

外国語

ある男が、支那人や朝鮮人は器用で外国語をすぐおぼえるが、日本人は無器用でなかなか外国人と話ができるようにはならんというから「――そりゃほんとうじゃ。日本人は世界のどこにもない優秀な国民じゃから、外国語を使う必要がないのじゃ……」というてやった。英語を習うより、イギリス人に日本語を習わせるがよい。いったい、子供にバカ骨を折らせて、英語を教える必要がどこにあるのじゃろう。

青年の奮起を促す

人物はすくないもので、ちょっと電車へ乗って見ても、これはと思うような快男児は見かけられない。これではまったく困ったものだ。それというのも、いまの青年は、ただもう学校を卒業して、月給にありつくことばかり考える。そこで、ただ気の小さいコセコセした人間ばかりできる。たとえ自分は食わないでも、国家のためには奮闘するというような気力のある者は、いまの青年中、ほとんど見当らぬ。人間は食うことばかり考えるようではだめだ。自分の心が確乎として、ひとえに国家を思うて努力する気分になったら「――禄《ろく》その中《うち》に在り」で、決して心配するものでない。真に国家のために働くという人物に対して、世間は餓死させるようなことはないのじゃ。孟子《もうし》の言のごとく、一指を傷つけると大さわぎをする者ばかりで、心中に大病あるを悟らず、精神の根本がグラグラして、女のような、半病人のような男ばかりでは困る。

だいいち、こんにちの青年には、国家的の大信念が欠けておりはせぬか。大石良雄《おおいしよしお》でも乃木《のぎ》大将でも、後世に模範をたれ、時代を教化した偉人には、熱烈なる大信念があった。いずれの方面に志す者も、まずこの大信念のもとにその身肉を鍛錬し、金剛不壊《こんごうふえ》の鉄石心を自信し、一騎当千の士たるを自任して、やましからぬ大人物たるを期せねばならぬ。しかし、この信念を定むるにあたっては、すべからくわが立国の精神にかんがみ、国体と国是とに一致したものでなくてはならぬ。ただ一身の処置にのみ汲々たる人間が大勢《おおぜい》あるよりも、真に骨のある男子が一人あるほうが役に立つ。囂々《ごうごう》たる群衆の叫びよりも、喧々《けんけん》諤々《がくがく》たる一人の声がよく徹底するのだ。常にこの心がけをもって、常住坐臥、不断の奮闘努力を続けたならば、いつかは驚天動地の大事業をも果すことができる。

俺は、浮華軽佻きわまりなき今日の時代に多くのことを望まぬが、せめて少数なりとも、有為なる青年の団結を見たいものと考える。ただし、広く知識を世界に求めなくてはならぬが、いたずらに外国文明に酔うて、是非善悪を選ぶ能力なく、ただ学者だとか博士だとかになりたいというようなことでは、ほんとうの意義ある仕事ができるものでない。

気づかぬ一点

自分は深く学問をしたことがないから、なにも知らんが、水戸学は今日といえどもますます必要じゃ。決して陳腐なことはない。このごろは、西洋より劣っている点はしきりに穿鑿《せんさく》しよるが、優《まさ》っている点はいっこう気づかん。日本の皇室とイギリスの皇室の区別がわからんような奴どもばかりふえて来る時代じゃから、こんにち水戸学を興す必要をますます感ずる。

害のある教え

西洋人は利害を本として功利にはしるのじゃ。西洋の教えは、至善至美の道のない国には多少効果があるかも知れんが、日本には益がないばかりか、害がある。

六十年来の誤り

木に培《つちか》わずして、枝や葉に培うとったのじゃ。貴い神さまのたねで西洋人を作っとったのじゃ。それが六十年来の誤りじゃった。

孔子とダンス

孔子が魯《ろ》の定公にしたがって斉公に会見したときに、斉の有司が四方の楽《がく》を奏せんことを請うたところが、孔子は夷狄《いてき》の楽じゃというてこれをしりぞけた。それでは宮中の楽を奏しようというわけで、しばらくすると俳優のような者がふざけながらはいりこんで来た。孔子は、匹夫にして諸侯を惑わす者は罪、誅《ちゅう》にあたるというて、そいつらの首を斬ってしもうた。いまの日本の役人に孔子ほどの決心があれば、ダンスの撲滅なぞはなんでもない。

この結果はどうなる

われわれの祖先が、血と涙とをもって築きあげた立派な道はふさがってしまい、近ごろのダンスとかオペラとか、笑ったり踊ったりするほうの道が、押すな押すなで開けてゆく。この結果がはたして、どうなると思うか。

新聞と世相

陸羯南《くがかつなん》のような立派な人の書く新聞が、いっこう売れんようになった世相が、だんだん嵩《こう》じて来たのじゃ。

名利の奴隷

地位を得れば長生きがしたい。金ができれば位がほしい。……どこまで行っても肉の奴隷、欲の奴隷となって、あさましい人生を追いつめるのじゃ。義人君子が不用物として捨てたものを、先を争って漁りまわっている。金持なんぞは金はありあまるほど持っているから、たいがいは位をほしがっている。爵位のこととなると、話ばかりで顔の相好《そうごう》をくずして喜んどる。

腐敗から芽

日本もこれだけ腐敗したら、腐敗が肥料になって、新しい芽が出て来るじゃろう。

従来の外交

自分の国をみずからいやしめて強国に追随し、そのかわり、弱者に対しては一緒になっていじめるというのが、これまでの日本の外交じゃった。

無言の気合

闘犬の喧嘩を見るに、「ワン」と先に声を出したほうが負けじゃ。強い気合の乗った奴は吠えない。……国と国との外交も、無言のうちに気合の乗ったほうが勝つのじゃ。

不戦条約問題

世界の大勢に順応するというようなことが一般の傾向じゃが、日本を損のうてまで順応されては困る。かげで刀を研いでいながら、おたがいに喧嘩はよそうじゃないかというのじゃから、向うの腹はわかりきっているが、表面はいいことじゃから不戦条約の仲間いりをすることは差し支えない。しかし、それがために大義名分をまげることは絶対にいかん。

枢密院では大勢順応党が多数じゃそうじゃ。それに閣員が加わるのじゃから、多数決できめてしまうのじゃろう。八代が非常に反対しとるが、病気で枢密院に出ることができん。なんとか方法がないものかのう。

軍備というもの

がんらい軍備というものは、時と場所のものじゃよ。世界中の国が撤廃してしもうたら、必要がないから、日本もやめるがよかろう。こんにちの時勢はどうじゃ。――平和だの人道だのというのは、表向きのことで、腹のなかでは、みんな刀をといどる世の中じゃ。イギリスやアメリカのご機嫌とりに縮小する必要は少しもない。

表門と裏門

悪いことをするというて悪いことをする者はない。表向き、干渉すると宣言する国は、どこへ行ってもない。一軒の家でも、表門もあれば裏門もある。

黒石ばかりの碁

以前、議会について語ったことがある。「――議会のことは俺《おん》どもにゃ一向わからんが、ありゃどうなるんじゃ。いったい、黒石ばかりで碁を打ちよるとじゃないか。黒ばかりじゃから、どっちが勝ったのか負けたのか、わけがわからん。これからは、しっかり白石を握って打たにゃいかん……」と。

議員は迷子のごとし

議員の罐詰かね。……人間なら牛肉のように罐詰にはならぬはずじゃがね。……まじめの者なら、一人の志を奪うことはできぬものじゃが、たらぬ奴は、どれほど多数おっても容易に奪うことができる。ちょうど迷子のようじゃ。どこへでもつれてゆけるのだから弱る。外国の記者に笑われとるじゃないかね。

拝まれる政治家

うしろ姿を人から拝まれるくらいの政治家が、政界にも一人ぐらいはなくちゃならぬ。政治はひっきょう道徳じゃからなあ。

小人の争い

小人は利に悟り、君子は義に悟る。利に悟って喧嘩をするのは小人で、親子が財産を争い、兄弟が遺産を奪いあうなど……こんにちの争いはみなそれだ。義に悟るは君子で、その争いや正々堂々たりだ。西郷が征韓論で争い、板垣が自由民権で争ったなぞはこれで、その間、いささかの私《わたくし》がない。およそ政治上の争いはすべてかくあらねばならぬが、しかし、いままでの政党の争いなぞは、すべてこの正々堂々を抜きにして、ただ政権にありついて私利を貪ろうとする。政府さえ持っておれば、金は自由だ。政府のとる方針を二、三時間前に耳打ちさえすれば、百万や二百万はなんでもないというので、争うて政府を持とうとする。真に国家百年のために働こうという誠意がなかった。

人を責むるは最後

強者敵なしではいかん、仁者敵なしでないと。往年ドイツなぞの破れたのも、そこを誤っていたからじゃ。日本が満洲に臨むにしても強者敵なしというような、西洋人流の粗末な考えをまねてはいかん。

ふるい交際《つきあい》の友人間にも、疑いは起りがちじゃ。……自分の心を省みて、俺はこのくらいにも思い、これほどにも尽しているのに、まだ後悔するところがある――なぞいうところがあって、責むるのでなくてはいけん。自己の足らざるを覆わんがためのおどしなぞは、なさぬに優《まさ》るじゃ。きわめて優しきものがあって、はじめて敵なしじゃ。

けだものの文明

東洋から西洋人の勢力を駆逐するのは、まったく人類を救うためじゃ。これまで加えられて来た西洋人の暴逆に報復する――というような考えがあってはいかん。東洋の独立によって人類の真文明を作って、従来のけだものの文明から人類を救済するのじゃ。

日本をスッポンにする

日本国中、こぞって西洋のまねをして、日本をスッポンにしてしもうた時代があったが、今になってようよう気がついた。

アジア諸国の覚醒

クルバン・ガリエフは、トルコ語やアラビア語を教える学校を作り、また東京にいる回教徒の子弟を集めて学校を開いた。……非常に日本に信頼しとる。アジア諸国もまったく西洋から侵略されて、心服はせんが力でおさえつけられて、泣き寝いりの体じゃったが、日露戦争で眼をさましたのじゃ。日本が勝つとは、世界じゅう誰も思った者はあるまい。

日支提携を根本とせよ

日本と支那がほんとうに一緒になれば、何でもできる。獅子や虎でも、おりのなかにいては何《なん》にもできん。支那と真に提携するということは、虎をおりから出してやることじゃ。日本と支那がほんとうに一緒になって事に当ったら、英でも米でも敵うたものではない。……日支提携を根本とせねばならん。

日支一体

俺に支那へゆけというのか。俺は労を喜びこそすれ、辞しはせぬ。俺には考えとることがある。つねに支那のことを思うて一刻も忘れぬ。支那は日本に頼らねば頼る国はなく、日本も支那と一体とならなければならん。

鳩に悲鳴をあげさせるな

朝鮮も、今ではほとんど内地同様になって喜ばしい。わしのよくいうことじゃが、鳩に悲鳴をあげさせるようなやりかたは、もってのほかじゃ。一視同仁の聖旨を奉体し、善政を施さねばならぬ。

おべっか愛国では駄目じゃ

アメリカなぞが、まっさきに軍備縮小を唱えながら、自国はひそかに軍備拡張をするなぞは、ずるいやりかたじゃ。それを本気に受けて、日本独特の長所を失うようなやりかたは、おのれを知り、人を知るものといえない。他国からは頑冥といおうが野蛮といおうが、それに心を動かすようでは、ついに国家の基礎を失うことになる。講話会議の前後、一時はウィルソンの人気に酔わされて、日本国民もかなりフラフラした考えをしていたようだが、その後、まもなく落ちついて、このごろではだんだん浮薄な思想が薄らいで来たように思われる。そこで、このごろはすこし風向きがなおって、忠君愛国を口にする者がだんだんにふえて来たということだが、しかし、おべっか愛国ではだめじゃ。……どうか、真の天下国家を憂える一騎当千の士がほしい。

紀元二千六百年の岩戸開き

こんにちまで誤り来《きた》った思想が暗黒濁流となって、世のなかが非常な紊乱《びんらん》をしたのであったが、紀元二千六百年にふたたび岩戸開きが来て、これからほんとうの神国日本の天日が、妖雲を払って宇宙を照らし、あまねく、くまなく、ゆきわたることになった。

神国の姿

これまで永年《ながねん》、日本の邪魔ばかりして来た英米を、さんざんやっつけてくれたので、胸がすうっとした。……戦《いくさ》で死んだ者はまことに気の毒じゃが、こういうありがたい神国の姿を見ることができたのは、わしとしては満足じゃ。

神さまのおかげ

これまで大学がまるで間違うた教育をして、日本を英米の属国のごとして来たにもかかわらず、こうなって来るのは、まったく神さまのおかげじゃ。神国日本のありがたさはここにあるのじゃ。

尊皇攘夷の時

不倶戴天《ふぐたいてん》の仇は英米じゃと、公然という世のなかになったと思うと、愉快じゃのう。これからが、ほんとうの尊皇攘夷じゃ。

世界一家の天業

タイが英米に宣戦布告をしたのう。こんどは印度が宣戦布告する番じゃ。印度・フィリピンが独立して、英米が日本の属国になれば、世界一家の天業がはじめて成る。

香港攻略

香港はなかなか抵抗するのう。イギリスは、いつも悪い奴、いっち悪い奴だけに自信がある。死兵は強しというが、こんどはイギリスも逃げ場がないから強い。逃げ場さえあれば、障子の隙間からでも逃げる奴じゃが……。アメリカなら、とうに降参しとったろう。

神命によって収める

今度は、ほんとうの戦争じゃから、攻むれば取るじゃ。天の与うるところを取らざれば、かならず咎《とが》めを受くということがある。英米が海賊をはたらいてためた蔵品を、神命によって収めるのじゃ。

これから内の英米をやっつける

戦争はますます調子がいいのう。七、八十年の念願がこんどはじめて叶うた。取るものは取ってしもうて、そとの英米はやっつけたから、これから内の英米をやっつけるのじゃ。それではじめて叡慮を慰め奉ることができる。

薄着

英国も、印度と豪州を離されると急に肌が寒くなるじゃろう。しじゅう風邪ばかり引いとることになる。にわかに薄着になっちゃあ、たまらんね。

遅ればせの返礼

敵機の空襲は遅ればせの返礼というところじゃね。戦争をしとるのじゃから、向うから来るのは当り前じゃが、多少あわてたようなところもあるようじゃ。

印度の火の手

ボースもなかなか活躍しとる。十五のときから独立運動に身を投じて、今日までやって来た——生まれながらの志士じゃや。今度こそは優曇華《うどんげ》の花咲く春に逢うたのじゃから、火の玉になってやるじゃろう。イギリスが念いりにもみ消しよった火の粉がほうぼうで、燃え立つ。時節が来れば生木でも燃えるからのう。

わしのところには、外国の人もたくさんに来るが、どうもわしがいちばん親しくするのは、いつも亡命者のようだ。孫逸仙《そんいっせん》、金玉均、ボースなぞと……どうも妙だね。ほかの奴とは、あまり親しくならん。

負け碁

チャーチルもよほど困っとるようじゃや。仕方なく負け碁を打っとるようなもので、だんだん負けが大きくなる。十番碁、二十番碁になっても勝つ見こみはない。フランスは二つにわかれて、小さくなってやっとるが、イギリスはいちばん罪が深いだけ、苦しみかたも一番ひどいじゃろう。

日支提携が根本

支那と印度がほんとうに起ちあがって、日本と手を携えてゆくようにならなけりゃいかん。支那は百貫目の鉄棒じゃ。あれを白箸のように振りまわす奴が出て来たらたまらん。蔣介石は一個の英雄じゃ。いのちが惜しいなんぞいう奴じゃない。眉毛も眼も、鼻も口もないのっぺらぼうな顔になって、生きとろうとは思うまい。……なんといっても、日支提携が根本じゃ。

青年に与う

青年は仕事に熱狂せよ

いまの若い者は、時勢が何のかのというが、世のなかはいつも同じじゃ。その時々に相応した元気を持て。「朝の気は鋭く、昼の気は惰《おこた》り、暮れの気は帰る――」というがごとく、人間もほんとうの大事をなすのは二十から三十までだ。長州の久坂玄瑞《くさかげんずい》や高杉晋作《たかすぎしんさく》なぞは、十五、六歳ごろから相当の識見があったという。元老も大臣もあったものじゃない。青年の奮起しだいで、国はどうにもなるものじゃ。

昔から青年有為の士というから、なすあるの士は青年であろう。青与の気概が衰えると、一国の前途はあやういのである。若い者がじっとしていると、月日はいつのまにか経ち、なすべき機会はなくなり、元気は衰える。

自分どもも五十年ほど前の青年時代は、つい昨日ぐらいのことに思うが、はや八十余の老書生になった。わずかな人生の時間は、もっとも有益に働かなくてはならぬ。ブラリブラリと無意義な生活を送るな。そして自分の目的とする仕事には、熱狂といわれるくらいに熱心であれ。しかし熱狂といっても、人に煽動せられてやる弥次馬のようではだめじゃ。ものごとは、やる前に静かに考えておいて、いよいよ断行ときまった時は、黒潮のおし寄するがごとき勢いでやらなくてはならぬ。

高山彦九郎のごときは、皇室の式微《しきび》を慨し、天下を跋渉《ばっしょう》して人心を激励し、ついに熱憤の極、自刃したけれども、彼の落した一滴の涙は、志士の義憤を促したのである。つまり、死をもって争う勇者の前には、どんな好悪な者でも、あたかも処女のごとき臆病者となって敗北するのじゃ。

天下第一たれ

人生なにごとにあれ、天下第一たるを期せよ。しかし運は天にある。まかりまちがえば、下駄の歯がえでもする覚悟でやれ。

逆行の勇気

青年が世のなかの流行を気にするようではならぬ。青年は世の風潮に逆行するの勇気が必要だ。魚でも激流に逆らい、怒濤と闘った魚は骨が堅くなり、真の味わいがある。世のなかの改革も、激流怒濤に鍛錬された骨ッ節のかたい青年でなければ断行はできない。維新の大業も、みな二十歳から三十四、五歳までの青年がした仕事だ。

猪突せよ

計画は細心、実行は大胆でなくてはならぬ。一旦こうときめたならば、いわゆる積水を千仭《せんじん》の谿《たに》に決するの勢いをもってあたれ。野猪《やちょ》の突進するがごとく、向う見ずでなければ、天下のことなに一つできるものでない。そのうえの成否は天に任す。もし、こと誤るといえども後悔するな。男はうしろを振りかえって見ぬものじゃ。

死命を尽す

その職業のごときはなんでもよい。ただ自己の本性をきわめて、これに適当することをやって、できるかぎり死命を尽して働くにかぎる。

この型ありや

南洲翁のいった「――命もいらず、官位も金もいらぬ人は、始末に困るものなり。この始末に困る人ならでは、艱難《かんなん》を共にして国家の大業は成し得られぬなり」という、この型の若い者が今あるかどうか。南洲逝いて四十年、世のなかは寂寥《せきりょう》を感ずる。

心の乱るるを見る

西郷の遺訓のなかに「――人を相手にせず天を相手にせよ。天を相手にして、己を尽して人を咎めず、わが誠の足らざるを尋ぬべし」という一節がある。天下の名訓じゃ。大塩平八郎《おおしおへいはちろう》が「――人は鏡に対し、鬢髪《びんぱつ》の乱るるを憂えず、わが一心の乱るるを見るべし」というているが、この一心が天下の大道じゃ。

一日を百年と思え

大塩平八郎がいいことをいうとる――「一日を百年と思え……」この心がけが金鉄をもとおすのじゃ。……大風が吹いてから、両手で防ぐようなことをしても、もう間に合わぬ。平生から養うておらねばならぬ。

青年たるの第一資格は「元気――」である。時勢を知り、志を立て、不撓不屈《ふとうふくつ》の大元気をふるい起し、大塩がいったように、「一日を百年」と心得て奮励すべきである。「一日を百年」の気でかからねば仕事はできぬ。

精神主と肉体主

人間は精神が主でのうてはなるまい。肉体が主になると、しどろもどろの人間となるのじゃ。精神が肉体に追いまわされる人間が多いから、することなすこと、魂のないことばかりとなるのじゃ。

小さい時から

なんでも小さい時にウンと叩きこんでおかなけりゃいかん。小さい時に鍛えられた魂は、煮ても焼いてもどうもならんからな。俺《おん》どもの小さい時は、「靖献遺言」をなんべんとなく繰りかえして読んだものじゃ。

魂を磨け

人間は魂さえ磨いておればよい。ほかになにも考えることはいらん。

本鍛え

困難にも災苦にも、真に屈せず、たゆまぬ者は、富んでも、安きにいても、決しておごらず、油断せぬものじゃ。……富んでおごり、安きに油断するごときは、艱難《かんなん》にも災苦にも、いまだ十分かち得なかった未熟者じゃ。――大寒《だいかん》に本鍛えをしておけば大暑《たいしょ》にも平気でかち得ると同一じゃ。

扇の要

国においては国体、人においては心——。これが扇のかなめじゃ。ここにしかと覚到せんければ、まるで浮草のようなものだ。

節義廉恥

人間には節義廉恥の心が肝心かなめのところじゃが、これがなくなるから、父子《ふし》兄弟《けいてい》のあいだでさえも銭財《せんざい》を争うことになる。

圭角あれ

青年は圭角がなければならぬ。円転滑脱というのは青年には禁物だ。ゴツゴツした圭角をもって、くらげのような世のなかの奴にぶつかってゆくのじゃ。そうしてゆくうちに、だんだん老成して、いつしか圭角がなくなる。けれども、はじめから圭角のない奴は、老成したころには磨滅してしまって、自分という一個の人間がなくなってしまう。

最後の腕

まだまだ世界は理屈では通れない。腕じゃ、腕じゃ。最後の腕がしっかりしとらんとだめじや。勝てば官軍、負くれば賊というが、世界のありさまがやはりそうじゃ。

覚悟第一

ある剣術もなにも知らん男が、親の使いにゆく途中、腕ききの悪党に決闘を申しこまれた。困ったけれども、こばむわけにはゆかんので承知して、――いま親の使いにゆく途中じゃから、それを果して来るまで待ってくれというてわかれた。途中、山岡鉄舟《やまおかてっしゅう》の家の前をとおったので、立ちよって、わけを話して秘訣を問うた。鉄舟はその男に真に死にきる覚悟があるかと聞くと、あるという。そこで思いきって敵の手元に飛びこんで胴を斬れと教えた。

男は喜んで約束のところへ戻って来て、いざというわけで刀を抜きあわせた。双方見合っているうちに、飛びこもう飛びこもうと思うても、なかなか飛びこめぬ。そうしているうちに向うから声をかけて、――はじめはなんのと高をくくっていたが、貴公の手並は立派なものだ。とても敵わんから和睦しょうと申しこんで来た。そこで、双方刀を引いた……ということがある。なんでも覚悟一つじゃね。

少数の多数

少数の多数、多数の少数ということを俺はつねに考える。ほんとうの仕事はいつも少数から生まれる。万事は犠牲的精神に燃える少数の人々の奮起にある。まじめな者なら一人の志も奪うことはできぬ。くだらぬ奴は、どれほど多数おっても容易に奪われる。

孔子の道

孔子の教えを受け継いで道を学んだものは、支那ばかりではない。日本にも儒教によって道にはいったものが幾千万人あるやらわからぬ。して見れば、孔子一人が道を説かれたために、幾千万の東洋人が人間らしい人間となったか、ほとんど数うることができない。自分が「少数の多数——」というのは、このことじゃ。

釈迦一人の人格

人間の修養ほど恐ろしいものはないよ。お釈迦《しやか》さまのあとに、なん千なん万の仏僧ができたかは知らぬが、結局お釈迦さまはお釈迦さまで、お釈迦さまの前にお釈迦さまなく、お釈迦さまのあとにお釈迦さまなしじゃ。衆愚凡人がなん万人なん億人出ようとて、またそれらを積みあげて見たところで、結局お釈迦さま一人の高さに及ばないのじゃ。すなわち、釈迦一人の人格は、いく千万人の人格をもってしても及びもつかないのであって、一人にして多数に値するのは、ここのことである。

自信力

なんでも人間は、うちにしっかりした自信力がなくてはならぬ。相手の顔色ばかり見ているようでは、仕事らしい仕事はできない。まかりまちがったら戦場で相見《あいまみ》える――ぐらいの腹力がなくては、何ができるものか。

十年が大事

なんでも終始一貫せにゃいかん。なんでもはじめの十年が大事じゃ。早いのになると二、三年でかたがついてしまう。人間でも同じことじゃ。……この関所をとおって来た奴は、善かれ悪しかれ、どこか強いところがある。

やり遂げよ

何ごとでも、よいと考えてやりかかったことは、必ずこれをやり遂げよ。最初はやくざなことと思われたことでも、仕あがって見ると立派に見えるものじゃ。

偉人の胆力

えらいといわれている人の胆力は、天性と修養との両方から来ているようじゃ。天性に泰然不動の胆力あるに加えて、いろいろの方法でそれを鍛えあげている。山岡鉄舟は武術をもって心胆を錬った。西郷南洲は陽明学をやった。ことに彼は、大塩平八郎を慕うて「洗心洞箚記」

をもっとも愛読した。また平野国臣《ひらのくにおみ》のごときは、主として国学をもって精神を錬ったものじゃ。

人物の力

人物の力というものは偉大なものじゃ。明治の初年、西郷や副島《そえじま》（種臣《たねおみ》）などが朝《ちょう》に立っていた時は、政府というものが非常な重みのあったものじゃが、征韓論が破れて彼らが野にくだると、こんどは反対に、民間に非常な重みができて、政府が急に軽くなったような気がしたものじゃ。ああいう人物は、世界中がことごとく非とすることでも、みずから是と信ずることはあくまでやり通し、いかなる力をもってするも、その決心を鈍らせることのないものじゃ。

人間の徳

昔から「みずから侮ってのち、人これを侮る――」ということがある。なぐられるのは、その人がみずから侮るようなことをするからじゃ。どんな強い奴が行っても、徳のそなわった人は、なぐられるものじゃない。か弱い女でも、礼容のなかに端坐しておれば、手が出せるものじゃない。学校の先生が生徒にひどいことをされるのは、人を教える資格がないからだ。

敬愛の二字

人間の道は「敬愛」の二字でできとる。いばるのは小さい人間のすることじゃ。

偉大なる力

至誠の力ほど偉大なるものはない。

死にきる覚悟

人は、なん時でも死にきるだけの覚悟がなくてはならぬ。それでないと、ほんとうの仕事はできぬ。口に出したことは、いのちを賭しても実行する——という覚悟が常にあるならば、むやみにベラベラしゃべれるものではない。

自己をきわめよ

学問の要は、まず自己の何者なるかをきわめることだ。そして自分がなんの使命を持って生まれたかを考えよ。この自覚のうえに立ってやれば、かならず何ごとか意義ある仕事ができるに相違ない。

我の折りかた

我を折るということも必要だが、折りかたがよければよくなり、折りかたが悪ければ悪くなる。折って悪くするくらいなら、折らぬがましじゃ。

天二物を与えず

苦しみは天が与えるのじゃ。それでますますその人が貴くなる。「天二物を与えず――」じゃ。

親は橋

川を渡ろうとすると近くに橋が見当らぬ。ふと、かたわらを見ると渡し船が待っとる。これは幸いと、向う岸に渡してもらうと、誰でも渡し船をありがたがらぬものはない。喜んで渡し銭を出してゆくが、そこで橋のありがたいことを感ずるものは至ってすくない。まして、橋銭《はしせん》を出してゆく者は一人もあるまい。渡し船がありがたければ、橋はいっそうありがたく、無くてはならぬものじゃろうにのう。……親は、ちょうどこの橋のようなものじゃろうよ。

真なる一

真に一を得れば、他は同じことである。

大勢の教育

ほんとうのものは、いつも少数から生まれる。こんにちの学校から、真に人の世のためになる人間が生まれぬのも、あまりに大勢を教育するからだ。公共のため、国家のために断乎として起って活動する人を作るには、まず少数からはじめなければいけない。真日本の復古的活動は、犠牲的精神をもった少数の人々の奮起にある。

行いの道

「明暗一致――」というて、明るいところでも、暗いところでも、行いに二た道も四つ道もあってはならぬ。

真の「天下とり」

天と地をあわせてとる真の「天下とり」には、一点の私《わたくし》、一塊の欲があってはならぬ。

人情の極致

「欲」の一字をさる――。これが人情の極致じゃ。

だまされる人間

人からだまされるのはよい。それだけ正直なことが知れる。だます人間になるよりはましじゃ。

孝行のまね

全く非難の打ちどころのない――という行いはできるものじゃないから、孝行のまねでもやらんよりはよい。孝行のまね、忠義のまねなら、まねだけでよい。

百倍の罪

人間と生まれたからには、道を踏まなけりゃならん。人間と生まれて、けだものの行いをすれば、その罪、けだものに百倍するわけじゃ。

働いてから先の話

人間には誰にでも、天からうけて来た使命がある。百千万人が百千万人とも、みなその顔がちがっている。みな千差万別の使命がある。食って生きるということなんぞは、働いてから先の話じゃ。

白紙一枚の差

自分には悪いならば、人に対してはいっそう悪いはずでなくてはならぬ。ところが、とかく人間は得手勝手なもので、自分のために悪いことは、すぐに人になすりつけるようなことをする。自分のためにならぬことなら、人のためにもならぬことであると考えて、人に迷惑のかからぬように心がくべきはずじゃ。わずか白紙一枚の差が、人の行いには大変の差となってあらわれて来る。

算盤を解す

算盤《そろばん》をはじくもの算盤を知らず。算盤をはじかざるもの、真に算盤を解すじゃ。

大利益

目に見える利益なら、小さな利益で、目に見えぬところに、大きな利益があるのじゃ。

欠点

自分の欠点を非難してくれる人があるのは、ありがたいことと思わねばならぬ。すぐに怒ってしまえば、しまいには諫《いさ》めてくれる人もなくなってしまうのじゃ。

一人の力

偉大なる一人《いちにん》の力というものほど、恐ろしいものはない。

学問は身に着けるもの

着ものは、自分のからだにつけるもので、人に見せるために着るものではあるまい。学問も同じことじゃ。いまの学問の仕方を見ると、ほとんど人に教うるために学問をしとるようじゃ。

真の女性

女がキチンとしているほど強いものはない。

おのれを知らぬ

世のなかには、ずいぶん身のほど知らぬ人間が多いよ。自分の力量がどれほどあるかは知らんで、他人から祭りあげられると、いい気持になっているのがいくらもある。

古今の人物を語る

時宗の断

北条時宗《ほうじようときむね》が元《げん》の使いを斬った。この時に、蒙古《もうこ》の軍が十万来るとか二十万来るとか、日本の兵士はわずかに幾万しかいないとかいう兵数ごときを考えておったら、なかなかこの元の使いを斬るべしの断はなかったろう。

時宗の胸には、道のために斬るべきか否か、国家のために斬るべきか否か——、ただこれあるのみで、十万二十万の兵数ごときは、ほとんど眼中にないのじゃね。……主とするところがちがうじゃ。

生死は心一つ

運ということもあるじゃろう。大豆を臼にいれて黄粉《きなこ》を作るとき、どうしても砕けん奴が一つぐらいあるものじゃ。加藤清正《かとうきよまさ》は幾度となく、あれほど猛烈に戦っても、かすりきず一つ負わなかったそうじゃ。柴田勝家《しばたかついえ》なぞは一寸の隙間もなく、全身きずでおおわれていたというが、それでも死にはしなかったもんね。

武田信玄《たけだしんげん》の家来に非常に臆病な奴がおった。あるときの戦《いくさ》に、信玄がそやつを楯にくくりつけて動けんようにして、矢だまの雨のように来るところへほっといたところが、かすりきず一つ受けんで、その日の戦争はすんでしもうた。それからというものは、その臆病者が心機一転して、勇者となったそうじゃ。……生死は心一つじゃね。

その奥のもの

戦国の英雄秀吉なぞのやったあとを見ると、なるほど「人を欺いた」ようにも見え、また「色を好んだ」ようにも見えるが、ただそれだけのことなら、一国一城もよう支えまいよ。

西行と梶原

西行《さいぎょう》が、立派な北面の武士の職をなげうって、やぶれ笠に破《や》れわらじで、行脚《あんぎゃ》をはじめた。この変った姿を見た梶原《かじわら》が、非常に気の毒に思ったと見えて「――どうです、ひとつ頼朝《よりとも》公に仕えませんか。私のような者でもこのくらい重用してくれるお方じゃから、あなたの器量でしたら、思うとおりにとり立てられて立身ができますよ……」というた。ところが西行のこれに答えた歌が面白い……

世を捨てて世にある人をながむれば
　をかしかりけりをかしかるらむ

貴様たちから見たら、さぞや俺が気の毒に見えよう。しかし、俺の眼からは貴様たちが、一つぶ二つぶの飯に釣られて首に輪をいれられているのが、いかにも不憫《ふびん》に思われる……という意味らしい。

それでも梶原が強《た》っての頼みでもあり、頼朝もぜひにといって招くものだから、鎌倉の頼朝の御殿へ行った。

ところが非常なもてなしで、その帰るときに、頼朝みずから銀の猫をとって西行に贈った。頼朝の考えでは、自分が大切にしている置きものであるから、たいそうな贈りものをした気であったらしい。……ところが西行は、すこしもそんなものには眼はくれておらぬ。かえって迷惑に感じたとみえて、頼朝の屋敷を出るやいなや、前に遊んでいた子守女に、いかにも無造作にくれてしもうた。西行の眼中には、区々たる頼朝ごときはなかったのじゃ。いわんや、梶原をや、銀の猫をやじゃ。

求むる欲心があれば、粟つぶ一つでも心を迷わす力もあるが、いのちまでも、すでになきものと覚悟した者にとっては、天下の権も、世界の富も、ものの数かは……というのじゃろう。

ある人が俺に句を寄せて――

むら雲のかからぬ間の月見かな

というて来たから、

むら雲のかかる隙なき月見かな

と返してやったことがある。

若いと思って油断はならぬ。一日を一生の気で、うんとやってのけんと、墓場にはいって寝あいても、起き出ることがめったにできぬ。覚悟せんと、ふんどしがゆるんで来る。

西行の柴の庵の歌

西行法師の歌にこんなのがあった――

引寄せて結べば柴の庵にて
解くればもとの野原なりけり

これを熊沢蕃山《くまざわばんざん》が、わしならこうする……とて、

引寄せて結ぶ庵の柴ならば
　解かねどもとは野原なりけり

とやった。

良寛の書と深草元政

もうずいぶん前の話じゃ――四十年も前かね。俺が北海道へ行ったときに、宿に良寛《りようかん》の書というのがかけてあった。実にみごとなものであった。文句は深草《ふかくさ》の元政《げんせい》が作ったのじゃそうな。それを良寛が書いたらしい。良寛の書もよく、元政の文章もよかった。文句はよく覚えておらぬが……

不幸にして世をそむける墨の衣にはあらで、髪結うむつかしさに頭《こうべ》を剃り、茅《ちがや》の軒、竹の柱にかなう身なれば、ここにとめおく心ぞかし。浮世を見れば、足をそらにして東西にある き南北にゆく人多し。身を思うわざのみにして、吉野の花のあわれをも知らず、深草のうずらの声を聞きては焼いてしてやりたいと思い、あすはなんとなることやら、静かならぬこと は人間のみにあらず。山をいずる雲は、雨をもよおさんがためにせわしくも走り、秋山の鹿は妻こう世に声かぎり鳴く。これを思えば我身ほど楽なるはなし。恵心《えしん》の作の阿弥陀一体も

てども、後世《ごせ》を願うためにもあらず。持ちつたえたる道具なれば、御宿《おやど》申すまでなり。極楽にゆき楽しみたいと思う欲心もなければ、地獄に落つる罪もなし。死ぬるまで生きていようと思えば、年のゆくをへちまとも思わず。まがきのやれにある庭の朝顔ゆがもうがあんなものと思い、時雨《しぐれ》ふる夜、あらし降ろうが降るまいが、我身一人の苦にもあらず。敷込二枚、土瓶一つに埒はあき、雑煮食わね身には聞かせまいともいわぬ鶯《うぐいす》のこえを心よくきき、夜着もたぬ家には宿せねともいわぬ、えこひいきのない窓もる月をながめ、眠るはずの眼なればねむたければひきこもり、あるくはずの足なれば、手の奴、足の乗りもの、心ゆくところにまよいあるけど、ぬすびとせぬ身なれば人もとがめず。覚えたことなければ忘れたことなく、年も数えたこともなければ幾歳《いくとせ》なるやを知らず。

覚え違いもあろうが、垢のぬけた気持がした。この元政の死んだ知らせは面白い。

深草の元政坊は死んだげな
　わが身ながらもあはれなりけり

じつにふるってるね。……良寛は越後かね。なかなか変った者と見える。書も非常によい。

高山彦九郎の切腹

高山彦九郎は計画の齟齬《そご》からじゃろうね——中山《なかやま》大納言の関東下向と密接の関係があるよう

じゃ、一大変革を志して、雄藩を説きまわったが、うまくゆかなかった。非常な意気ごみで計画したようじゃ。中山大納言とわかれる時には大地を踏んで「――いずれこの下でお目にかかりましょう」というたということじゃ。九州へ来ては、亀井《かめい》道載《どうさい》に会うて大事を告げた。

道載はよほど激烈な人で、彦九郎にも負けんくらいじゃった。藩政改革の意見については、いつか話したことがあったのう。とうとう用いられずして参政の職を辞してしもうた。彦九郎の計画については、一緒にやる考えじゃったようじゃ。薩藩へ行って激励したときの勢いなぞは、すさまじいものじゃったようじゃ。薩藩へどなりこんだのは、福岡藩では亀井道載と平野次郎の二人ぐらいのものだろう。

彦九郎が大事を謀《はか》ったのは道載で、森嘉喜という人なぞは、友人でもあずからなかったようじゃ。よほど秘密にやったものと見える。久留米の森嘉喜の家で切腹したのじゃが、前《さき》に一切の書類を水につけて破ってしもうてから腹を切った。

宿の者が「――検視の来るまで待ってくれ」というものじゃから、臓腑もなにも出てしもうているのに、朝から夕方まで十時間も待っとったそうじゃ。待ちくたびれて、死んだようになってうつぶしとった。

夕方検視の来たころは、首をたれて息も絶えた様子なので、役人が扇子の先かなにかで臓腑をつついたところが、起きなおって大喝一声「――尾籠《びろう》ッ」とどなりつけたので、ひっくりかえったそうじゃ。

真儒亀井道載

筑前に亀井道載という真儒がおった。一時藩主に用いられて、経綸《けいりん》を行うたことがある。その任にあたってから「――数千年も真理として認められて来た孔子の教えじゃ。今これを実行して悪いというわけのあるはずがない。これを実行したら果してどうなるか、まあやらして見ろ……」ということをいうとる。

今でいう司法権の独立とか、兵制改革とかいうようなことを立派にやっとる。目付というものはあるが、さらに大監察を設けて、家老でも、いやしくも非違があれば、断じてこれを糾弾することのできる職権を作れ――というとる。

兵制にもっとも必要なのは当時の訓練じゃから、かくかく編成して訓練を怠らず、ただちに有事の日に用いることができるようにするのじゃ。今のようなことではだめじゃ。自分の意見にしたがえば、福岡一藩の兵力をもって日本全国の兵にあたることができる――ということを公言した。

二千年来の神聖国家が一朝沈衰したのじゃから、本にかえれば再び行われんということはない――というのが議論の出発点じゃ。平生の意見がついに用いられなかったので、建白書を出したが、どうしても実行されん。ある日登城して、誰もこれを読める者がないようじゃから読んで聞かせるというて、老臣列席の前でその建白書を読みあげたそうじゃ。それきり、道載は参政の職をやめてしもうたのじゃ。

ちょうど高山彦九郎と同時代の人じゃ。光格天皇《こうかく》の御宇《ぎょう》、中山大納言が関東へ下向して幕府に談判したことがあったのう。あのとき、道載と彦九郎は、万一幕府が朝廷の意に逆らうようなことでもあったら、雄藩を連合して兵をあげようということを相談しとったらしい。

道載は薩摩にも遊んだことがあるようじゃ。俺が鹿児島に行ったとき、川口雪篷の話に——、道載が薩摩で唱えた藩政改革論は、だいぶ手きびしいものじゃったということが残っとる……ということじゃった。

書の難易

筑前に亀井道載という先生がおった。その次が亀井昭陽《かめいしようよう》先生じゃ。ちょうど、頼山陽《らいさんよう》が九州へくだって来て、昭陽先生に会うたとき、先生が「新経孟志」という新著の稿本を出して見せた。山陽がそれを見て「——まことに先生の博学には恐れいったが、これはあまりむずかしいために、恐らく棚のうえに載せられたまま埋もれてしまうじゃろう。わたしは近ごろこんなものを書きました……」といって、出して見せたのが「日本外史」じゃったそうじゃ。はたして、山陽の言葉のとおりになったところを見ると、読みにくい本はいかに立派でも行われんようじゃのう。

えらかった東湖

水戸に、あのようなえらい人物の輩出したのも、やはり光圀《みつくに》公のような人が上におったからじゃろうのう。

俺が鹿児島へ行ったとき、大西郷についとった川口雪篷という老人に会ったが、雪篷老人のいうことに「——隆盛がよく申しておりましたが、藤田東湖《ふじたとうこ》なぞいう人がいま生きていたら、自分はその末席へもよりつけたものじゃないというておりましたよ……」と話したことがあった。南洲翁でさえそういうのじゃから、東湖あたりの人物はよほどえらかったろうと思う。

東湖の大食

藤田東湖は大酒大食で、食うこともなかなかはげしかったようじゃ。消息のなかに「——流食咽喉を下らざることわずかに二、三椀、その痛苦知るべし」とある。わずかに二、三椀というからには、丈夫な時ならいく椀食うじゃろう。

久坂玄瑞先生

丸山作楽《まるやまさくら》翁がよく話した——

「自分は維新以来、いろんな人物にも会って見たが、なんといっても、久坂玄瑞がいちばんの人物じゃったように思う。自分が出国したのは十六で、そのとき久坂は十八歳ぐらいじゃったと思うが、もうどうして、一《いっ》かどの大先生じゃったからのう……」

西郷南洲も、久坂にはひどく敬服して、

「藤田東湖先生や、久坂秋湖《くさかしゅうこ》先生なぞが天下を論ずる席上では、自分なぞは一口も開かれたものじゃない」

というておったという話じゃから、なかなかの人材であったにはちがいない。

この久坂先生に、大石良雄を諷した俗謡があるが、なかなか面白いところがある。僕の好きな唄でのう。こうじゃ……

大石の実の心は原武盛も
知らぬ祇園《ぎおん》島原《しまばら》撞木町《しゅもくまち》
傾城《けいせい》ぐるひそのなかで
病気なんぞで死なしゃんしたら
忠か不忠かわかりゃせぬぞいな……

有事無事のごとし

蛤御門《はまぐりごもん》の戦争のときに、薩州が会津の兵と一緒になって、幕府に味方するとわかったので、長州側ではたいへんに狼狽《ろうばい》した。そのとき、富永有隣《とみながゆうりん》が、長州兵の屯在している各陣営を訪《おとの》うたところが、どこでも鼎《かなえ》の沸くようなさわぎで、口々に罵りあっている。そのなかで、久坂の陣営ばかりは静まりかえり、寂《せき》として声がない。孫子《そんし》のいわゆる「静かなること林のごとし――」という面影《おもかげ》じゃ。営中をのぞきこんで見ると、久坂は書物をひらいて、一心に書見をしていた。そこで富永が――

「えろうお静かでござるのう……」

と、声をかけたところが、久坂はちょっとこちらを振りかえって、

「有事無事のごとく、無事有事のごとし」

と、すましていたそうじゃ。

藤森天山

藤森天山《ふじもりてんざん》が若いとき、水戸に行って藤田東湖をたずねた。東湖は大酒家で、豆腐が非常に好きじゃったそうじゃ。藤森は体裁《ていさい》なぞ一向かまわん男じゃから、取次ぎなぞ面倒と思うてか、ズカズカ勝手口へまわって行ったところが、ちょうど東湖が台所で酒をのみながら、飯炊き婆と豆腐を論じておったそうじゃ。どこそこの豆腐はやすくてうまいの、どこそこのは高くてまずいの……とね。それを立ち聞きしたものじゃから「――いや、こんなところへ来るんじゃなかった……」といいすてて帰ろうとした。東湖が「まあまあ……」となだめて座敷へあげて、いろいろのことを話して聞かした。……こんどは非常に喜んで「ああ来ていいことをした、来

ていいことをした……」と連呼したそうじゃ。

堀織部正

堀織部正《ほりおりべのかみ》はえらかった。彼は安藤《あんどう》閣老と議合わずして、切腹憤死してしまったが、こんにちの外交官も堀織部正ぐらいの意気ごみでやってもらわぬと困る。従来の外交官があまりに外国かぶれして、日本の面目を失うことがいかぬので、腹さえしめてかかれば何でもないことだ。

パークスという英国公使は、なかなか剛腹な抜目のない男だった。ところが、この男がいちばん閉口したのが堀織部正と大西郷であったそうな。パークスは思うようにならぬとすぐ尻をまくって「——さような次第なれば談判破裂として、すぐ軍艦を派遣するようにいってやる」と出て来る。当時——、海軍力もない微弱なところへ、大軍艦でも向けられようものなら防ぎようがない。……まるで恐喝だ。日本の外交官は、みなこの手を食っていた。

だが——、堀織部正だけは引かなかった。「では戦争だ」とパークスが二言目にこういうと、堀織部正も毅然たる態度で「戦争、結構でござる」……パークスは驚いて「なんと仰せられる、貴国はわが国と戦争をするといわれるか」——堀織部正「いかにも——、お望みとあらばお相手いたそう。だが、戦争は国と国とのこと、小さくすると拙者と貴殿との戦いだ。まずわれら二人で決闘しようじゃないか。どちらが勝つか、まずそれから解決いたそう」と開きなおったものだ。そうして、談判中は鉄扇を持っていて、こういう時には、ピシャリピシャリと卓を叩くので、たいていの相手は眼をまわす。なんでも、パークスはこの銭扇で一度なぐられたということじゃ。外交官は、こういう腹のすわった男でないといかん。ことさらに向うの感情を害する必要はないが、腹の底に確乎不抜の意力が潜んでいてこそ、国民外交の実《じつ》があがるのじゃ。

松陰の和歌

吉田松陰《よしだしょういん》の歌にこんなのがある——

かきあげし妹《いも》が眉根のみだれ髪
誰《た》が手枕の名残《なごり》なるらん

あの謹直な松陰先生の歌じゃから、面白いて。——ちとばかり焼餅やいてござる。

平野国臣の最期

平野国臣は、元治元年七月のさわぎにまぎれて、京都の獄中で刺されたが、その最期はじつに立派なものであった。

幕吏が大勢で、牢のそとから勤皇の志士を突き刺しに来たとき、同じ牢内の豪傑連は大声で罵り、みな相当に抵抗した。そのうちにひとり、平野だけは威儀雄然と壁を背にして正座し、皇居のほうに向って三度礼拝してのち、幕吏の突きに来るのを待った。

牢のそとから最初の槍が胸に立つと、平野は左の袂《たもと》でその穂先の血を拭きとった。二度目の槍はのどの近くに突きとおった。それも右の袂で拭きとり、従容《しょうよう》として死についた。
平野を刺した男があとで述懐して――
「あんな立派な人を手にかけたのは、いかにも悪かった……」
と語ったのを直接聞いた越後の新発田《しばた》の人が、わしに話した。
平野国臣は、歌人としても立派なものじゃった。「てにをは」の合ったほんとうの歌人じゃった。平野をあれだけにしたのは、富永辰十郎《とみながたつじゅうろう》先生のおかげじゃろう。……富永は神さまのような人じゃったそうな。それで平野は、先生の石碑を建てて、
世のなかの人かずらしくなりぬるは
大人《うし》のをしへによりてこそなれ
という歌を刻《ほ》りつけた。この石碑は、福岡市の地行僧正寺《じぎょうそうじょうじ》にある。

鼠小僧

鼠小僧は三つの信条を持っとったそうじゃのう。――第一は中流以上の金を盗られても困らん家を襲うこと、第二は決して火をつけんこと、第三は女を犯さんこと……この三つじゃそうじゃ。

山田浅右衛門《やまだあさえもん》という首斬り役人は、志士の首を数えきれんほど斬ったが、鼠小僧を斬るときには困ったという。山岡鉄舟が浅右衛門に、罪人の首を斬るとき別に変ったことはなかったか

ときいたら、浅右衛門が、鼠小僧を斬るときは、ただ一度勝手がちがったと答えたそうじゃ。鼠小僧が刑場に引かれて来て、浅右衛門を見ると、ごく親しい友だちにでも会うたように言葉をかけて「――このたびはつまらんことで御厄介をかけます」というようなことをいうて、非常に朗《ほが》らかに首の座についた。定法どおり目隠しをしようとすると、手を振って「――わっちですから、そいつあ御免をこうむります」というたなり、平然として首をさしのべとる。浅右衛門がうしろにまわって刀を振りあげたが、どういうものか斬りおろせん。二度、刀をとりなおしたが、二度ともだめじゃった。三度目に、こう刀をかまえて、浅右衛門ともあろう者が盗人の首が斬れんことがあるものかと、自分をはげまして、からだと一緒に斬りつけた。そのことを浅右衛門が鉄舟に語って、あの時ばかりは、あとにもさきにも、経験したことのない思いがした……というたそうじゃ。

会津の小鉄

会津の小鉄という侠客は、かなり度胸がすわっとったそうじゃが、あるとき子分と一緒に歩いていると、向うから武士が来た。「――ちょっとあ奴を斬って見せよう」といいながら前へ進んで刀を抜いた。向うも抜いたが、どうしたわけか、小鉄はすぐ逃げかえって来て「――あ奴はだめだ、俺には斬れん」というから、「どうして」ときくと「いや――、あ奴は刀を斜にかまえて、ニコニコ笑っとった。マゴマゴすると、こっちが斬られるから逃げて来た……」というたそうじゃ。撃剣でも、しがみつくように竹刀《しない》を持っとったら打てまいのう。

南洲翁「死生の説」

南洲先生が文久二年の冬、沖永良部島《おきのえらぶじま》に牢居中、村童を集めて書を講ぜられたとき、島人操坦勁《みさおたんけい》に自署して与えられた「死生の説」なる一文がある。その全文は——

孟子曰。殀壽不貳。修身以俟之。所以立命也。（尽心上）

殀壽《ようじゅ》ハ命ノ短キト、命ノ長キト云ウコトナリ。コレガ学者工夫上ノ肝要ナルトコロ、生死ノ間、落着デキズシテハ、天性ト云ウコト相分ラズ。生キテアルモノ一度ハ是非死ナデハ叶ワズ、トリワケ合点ノデキソウナモノナレドモ、凡《およ》ソ人、生ヲ惜シミ死ヲ悪《にく》ム、コレミナ思慮分別ヲ離レヌカラノコトナリ。故《ゆえ》ニ欲心ト云ウモノ仰山《ぎょうさん》起リ来テ、天理ト云ウコトヲ覚《さと》ルコトナシ。天理ト云ウコトガタシカニ訳《わか》ッタラバ、壽殀ナンゾ念トスルコトアランヤ。タダイマ生レタリト云ウコトヲ知ッテ来タモノデナイカラ、イツ死ヌト云ウコトヲ知ロウ様ガナイ、ソレジャニヨッテ、生ト死ト云ウ訳ガナイゾ。サスレバ生キテアルモノデナイカラ、思慮分別ニ渉《はかど》ルコトガナイ。ソコデ生死ノ二ツアルモノデナイト合点ノ心ガ疑ワヌト云ウモノナリ。コノ合点ガデキレバ、コレガ天理ノ在リ処ニテ、ナスコトモ言ウコトモ一ツトシテ天理ニハズルコトハナシ。一身ガスグニ天理ニナリキルナレバ、コレガ身修《おさま》ルト云ウモノナリ。ソコデ死ヌト云ウコトガナイ故《ゆえ》、天命ノママニシテ、天ヨリ授リマシタママデ復スノジャ。少シモカワルコトガナイ。チョウド天ト人ト一体ト云ウモノニテ、天理ヲ全ウシ終エタト云ウ訳ナレバナリ。

さすがは南洲先生じゃのう、生死の岸頭に立って、この大決心がついておったればこそ、あのような立派な一生が送られたのじゃろう。生死の見きわめ――。ここが人間のいちばん大切な学問で、これさえできておれば、ほかのことは刀をむかえずして解決ができるというものじゃ。

カタカナで丁寧に教えられているのは、なんというありがたい親切心じゃないか。この親切は得がたいもんじゃ。西郷隆盛ほどの人じゃから、天下国家の以外には一口もきかぬなぞと思うたら、大きなまちがいじゃ。一たび道をきけば、老少の別なく、丁寧親切をきわめて道の大《たい》本《ほん》を教えられている。そしてその教えられたところを見ると、いつも人生の第一義諦を喝破せられている。

西郷さんの算盤は、玉一つが天地のあいだを往来しとるよ。商人連の算盤とは大したちがいじゃ。――こういう大きな算盤のあることを知らんでおる。知っておってもはじこうともしないのが多い。こんな算盤は金もうけにはならんからね。しかしながら、いよいよ人間のおいとまが来て、この世をさらば……と来たときに、欲の深い奴がいちばん死に際がわるいようじゃ。

そこになると、豪傑の死は安楽なものじゃ。平生から天地生死の大算盤をはじいとるだけのものはあるよ。佐藤一斎《さとういっさい》の「言志録」にもあるように「——聖人は死を安んじ、賢人は死を分ち、常人は死を恐る」というわけで、心の練れている者と練れない者とでは、いざという場合に立ち至って、大変なちがいを生じて来るものじゃて。

考えてみれば、人間五尺のからだというものは、みんな天から授かっているものじゃ。髪の毛一筋だって自分のものというものはありはしない。孝経に「——身体髪膚《しんたいはっぷ》これを父母に受く」とあるのをおし広めていうと「——身体髪膚これを天に受く」ということになるのじゃ。それほどのものを、一身ことごと、これを自分のものであるかのように考え、父母の恩や天地の化育を忘れてしまうところから、いろんな欲情が起って来るのじゃ。……南洲翁が「——天命ノママニシテ、天ヨリ授リマシタママデ復スノジャ」といわれ、また「——天ト人ト一体ト云ウモノニテ、天理ヲ全ウシ終エタ」ものが、すなわち立派な人間の一生じゃといわれたのが、ここの道理を説かれたものじゃろうよ。

人間が万物の霊長といわるるゆえんを考えて見給え。万物になくしてひとり人間にのみあるものは、精神じゃ、心じゃ。人間を肉ばかりで計って見るなら、どんなに高くても、またどんなに低くても、三寸か五寸か、まれに一尺もちがうのは珍しいぐらいで、二尺、三尺とちがうものじゃない。それが百尺の相違、千尺の隔りとなるのは、いったい何から来るのじゃ。心を磨くのと、磨かぬのとの、わずかなちがいじゃないか。人間は教うれば神となり、仏となり、聖人となることができるが、他の動物はそんなわけにはゆかぬ。いくら教えたとて、ものまねぐらいはできるかも知らんが、猿のなかから孔子さまが出たことを聞いたことがない。ここが人間の尊ぶべきところじゃ。肉のみでいうならば、この人間の肉も、他動物の肉も、肉においてなんのちがいはない。自分が平生諸君によくいうのは、この精神と肉体との別に気をつけよ――ということじゃ。精神が肉体を支配し、心が明月のように澄みきっておりさえすれば、決してまちがいを生ずるものではない。

近ごろの世間が、まるで禽獣《きんじゅう》の横行のように見えるのは、精神に支配さるべき肉体が、かえって精神を支配して、精神が肉体の奴隷となってしもうとるからじゃ。先にもいったように、肉のみならば禽獣となんの変るところはないから、社会が肉欲の支配下に堕しさるのも、もとより当然の結果というものじゃ。

南洲翁の「死生の説」を読んで、大いに心の鍛錬をすることが大切じゃ。島の鼻たれ小僧どもに教えられたものじゃというが、百歳の鼻たれもないではないから、大いに熟読玩味すべしじゃ。鼻たれは小僧ばかりと思うたら大きなまちがい――。知らずにいるだけのことで、髯の生えた大僧の鼻の下に、青ばなのたれさがっとるのが少のうない。気がつかずにいるから、大手をふって往来を歩いているようなものの、心の眼がさめたら一寸《ちょっと》も表へ出られたざまではないのじゃ。

南洲翁秘話

荒尾が西郷さんの書生をしとったころ、その場に居あわせて聞いたことだというて、荒尾がわしに話したことじゃが……

西郷さんが鹿児島に帰って悠々自適していた時のことじゃ。……非常に古い家で、座敷でも台所でも雨漏りがする。西郷の奥さんもしっかりした夫人であったそうじゃが、よほど困られたと見えて、ある日、西郷さんに向って、

「雨だけは漏らないように、屋根をお直しになってはいかがでしょう」

といわれたそうじゃ。すると西郷さんは、

「おはんな、まだおいの心がわからんのか……」

と答えて、ひどく不機嫌じゃったそうじゃ。

そのころの西郷さんとしては、屋根の葺きかえぐらいに不自由される身分ではなかったが、余分の金はみな人にやってしもうて、自分一身のことにはいっこう頓着《とんじゃく》なかった。ただ西郷さんが心を砕かれたのは、朝から晩まで国家のことのみじゃった。

西郷の胸中

勝の琵琶歌に「――ただ身一つを打ちすてて、若殿原《わかとのばら》に報いなん」との一節があるが、西郷

の心中もこの辺であったろうよ。

天にござる西郷

足に土のついているあいだは、どんな高山にものぼれぬことはないが、天にのぼることはできんもんじゃ。西郷は天にござるから、梯子《はしご》のかけようがない。天に梯子がかけらりよか――というところじゃ。

西南の役と桐野

桐野利秋《きりのとしあき》は愉快な男じゃね。鳥尾得庵がいいよったが「――桐野という奴は変な奴じゃ、俺を脅迫に来た」と笑っとった。桐野は、木戸《きど》（孝允《たかよし》）・山県あたりの唱える廃藩置県に反対じゃったのじゃ。それで鳥尾を説いたのじゃが、鳥尾が駁論《ばくろん》し終るのを待って、自分の意見を述べたてる。聴いていると相手のいうことはちょっとも聞いておらん。鳥尾がまた駁すると、桐野がまたいう。それが相手の理屈とはまったく無関係のことじゃったそうじゃ。

岩倉のところへ行って「――木偶長袖《もくぐうちょうしゅう》の徒がいたずらに天下を誤る……」とさかんに悪口《あっこう》をいったものじゃから、岩倉もむっとして「いったいそれは誰を指すのか」とききかえすと「――あなたがたのことです」といい放ったそうじゃ。その足で池上四郎《いけがみしろう》のところへ行って話したところが、池上も「――そりゃあんまりひどい」というた。桐野は「なに、ああいわんと通ぜんから……」とすましておったそうじゃ。三千の兵があればただちに家康をやっつけると、三成に説いた島左近《しまさこん》の徒じゃったね。

桐野は西洋人のことを「異人、異人――」といいよった。何もわからん子供を西洋に留学させると、西洋の美に眩惑されてしまうというて、留学生派遣には反対じゃった。

鹿児島戦争は桐野が起したのじゃよ。用兵においては村田新八《むらたしんぱち》が大反対を唱えた。永山弥一《ながやまやいち》も村田に賛成で、河野主一郎と、もう一人誰じゃったか加えて四人――、それだけで東上することになったのじゃが、桐野が反対して、とうとうあの戦争になったのじゃ。

城山に逃げこんで、さすがの豪傑連もヘトヘトになっておったなかに、出陣当時の意気を失わずニコニコしていたものは、桐野一人じゃったそうじゃ。城山の戦《いくさ》のときに桐野は――

「戦、戦――とみんながいうものじゃから、少しは役に立つかと思ったら、こればかりも役に立たなかったよ。頼朝はたった八騎になって天下を覆《くつがえ》しとるのじゃから、われわれが三百人もおって、へこたれることはない。鉄砲というものはこうして打つものじゃ」

といってポンポンやって見せたそうじゃが、さすがに一弾といえどもむだ弾はなかったそうじゃや。

西郷も桐野だけはおさえることができなんだと見える。なんでも、桐野は鹿児島へ帰らぬ先に、大久保のかたをつけるつもりじゃったらしい。それを西郷があやぶんで、引っぱって帰ったのじゃ。

板垣はあれで、なかなか兵法に達していたもので「——もし鹿児島に伊地知正治《いじちまさはる》がおったら、官軍はやられたかも知れん」といいよった。伊知地は立派な兵法家じゃ。薩軍が熊本を囲んだと聞いて「——ああ西郷どんはまちごうた……」というたそうじゃ。

前原一誠

前原一誠《まえばらいっせい》の五十年祭があったようじゃが、一誠はその名のとおり、誠の人じゃったね。志は南洲翁と同じで、国家の大木《たいぼく》を作るというにあった。一挙に破れたとき、同志に示した手紙がある。こんな文句じゃった——

「忠謀破れて九泉《きゅうせん》に帰る。じつに畢世《ひっせい》の遺憾なり。豊田《とよだ》の死生いまだ知らず。憐むべきなり。かつ僕ら三人、心《こころ》忠にして形《かたち》賊なり。ただ千載《せんざい》の公論にまつ」

すべて一挙の宣言と照応した文句じゃ。北海に渡って再挙を計るとあるから、越後に落ちる計画じゃったのじゃね。……惜しいことをした。

篠原国幹

薩摩には大木を囲んだ大木があったね。……篠原国幹《しのはらくにもと》という人はきびしい性格の人で、笑うたことなぞは一度もなかった。大西郷はじめ、そのほかの猛者連《もされん》が笑いこけるほどおかしいことがあっても、篠原は顔がピクピクと動くだけじゃったそうじゃ。——それが篠原の大笑いした時の顔じゃったという。そんな風じゃから、私学校の生徒が閉口した。

ある夏の暑い日のこと、篠原がキチンと坐って扇子も使わんので、生徒が「――先生、この暑さですから少しおくつろぎになっては……」とすすめると、篠原はいちだんと威儀を正して「おいどんたちに寒暖はおわはん」というたそうじゃ。

戊辰の戦争のとき、肌にお守りをつけておるので「――おはんにも似合わんことじゃ」とからかう人があった。篠原は笑って「おいどんの敵は、ほかにあるんじゃからね」というておったそうじゃ。目ざす敵は、ロシアかどこかじゃったろう。

有馬藤太

桐野利秋らと同輩で、大西郷の知遇を受けた有馬藤太《ありまとうた》という剛の者がおった。十年の役にはもちろん奮戦したが、不思議に生き残ったので食う道がなくなり、岩谷天狗《いわやてんぐ》のもとに豚殺しの監督をしとった。なん年ぐらいやっとったか、いつまで豚殺しでもあるまいというて、子供をつれて上京して、俺のところへ就職を頼んで来た。そのとき、もう七十近かったろうが「――まだ海賊ぐらいできますから、なにかに使って下さい」という。俺も海賊をやる気はなかったので、そのうちにはなにか適当な仕事があるじゃろうから……と引きとめておいた。

そこへ、桜井駅のあるところの村の村長がやって来て、――近所に無住の寺があって、住職を探しておる……というので、有馬のことを話したら、そりゃよかろう……ということになって、さっそく有馬を呼んで「坊主にならんか」というと「――なりましょう」という。いよいよその寺へ乗りこんで行って、坊主になりすましたはいいが、豚殺しをした手じゃから、鶏なんぞをやたらに絞めて、近所の無頼漢《ぶらいかん》を集めては酒を飲んでいるという始末で、とうとう不首尾になって帰って来たから、君は坊主は落第じゃ――というてやった。

そのうち日露戦争がはじまったので、老人矢も楯もたまらず、満洲へ飛んでいった。別段どうという目的があるわけじゃない、ただ戦見物に行ったのじゃ。戦争後も、向うにとどまっておって、旅順の公園地の番人をしとった。さすがの剛の者も、よる年波には勝てず、病気になって帰って来た。その時はもう足腰が立たなかったが、――これでも、泥棒の三人ぐらいはいつでも引き受けます……といばっとった。四、五年前、国士館で死んだが、あれほどの剛の者はちょっと類がなかった。

村田新八

若殿原のなかで、村田新八がいちばん西郷翁に近かったようじゃ。黒田清隆《くろだきよたか》なんぞも――

「先生はいうまでもないことじゃが、同僚では村田が一等じゃ」

というとったそうじゃ。十年の戦争でも、村田は、

「大久保一人をおしつくればそれでよいのじゃから、俺一人でたくさんじゃ。これから出かけて行ってかたづけて来る」

というたものじゃ。

村田一人であるまいというので、永山弥一、河野主一郎なぞの三、四人で出かけることになったのじゃ。それを桐野が聞いて、

「今ごろ、そんなことがやっていられるもんか」

というので、十年の戦争となったのじゃ。

蓮月の歌

望東尼《ぼうとうに》も歌はうまいが、蓮月尼《れんげつに》の歌はみごとなのが多いのう。

武蔵野の果《はて》は風だに行きかねて
　草の葉ずえにかかる白雲

太田道灌《おおたどうかん》の——

露おかぬかたもありけり夕立の
　空より広き武蔵野の原

というのにくらべても劣らぬ名歌じゃ。

豪傑学者

西郷さんには、一度も会わなかった。

御一新後――、鹿児島に行ったときには川口雪篷というじいさんが応対しよった。どこの人間やら、とんと素性のわからん人で、南洲が島に流されたときに、その前から流罪になって来ていた学者じゃった。学者といっても一とおりの学者じゃない、――豪傑学者じゃ。書風を見ても、風格を見ても、なかなかの代物じゃった。京都辺の人間といわれていたが、自分から過去を語ったことがなく、したがって知る者のあろうはずはない。大塩格之助《おおしおかくのすけ》ではないか……などともいわれていた。それも、ほんとうだかわからない。

鳥尾と木戸

鳥尾は、三浦とともに木戸直系の人物であったが、木戸に対しても、いうべきことは正々堂々と、忌憚なく直言するという気性の男であった。

鳥尾自身が話しとったことだが、なんでも征韓論破裂後、西郷らが政府を去ったのちの話じゃ。――木戸は大久保のやり口について不満を抱き、辞職をして郷里へ引きこもるといい出した。これを聞いて困ったのは、山県・伊藤・井上らじゃ。木戸という大黒柱をひかえておればこそ、薩摩に対して威力があるのに、その大黒柱に逃げられては困るというので、そこで三人が鳥尾に頼んで木戸の引きとめをすることにした。鳥尾も、ことに元気ざかりのことではあるし、木戸のところに行って、弁をふるって説き立て――

「いったい、気にくわぬから国に引きこもるなぞという態度はけしからぬ。御意見があるならドシドシいって、かつ実行していただかねばならぬ。ぜひ辞職なぞは思いとどまってもらいたい。そのかわり、あなたが御意見を行うについては、わたしの一命をなげうって犬馬の労をとりましょう」

というた。そこで木戸がいうのには、

「よし、それほどまでにとめる了見ならやってゆこう。ついては、俺の意見としては、だいいち――伊藤や井上や山県なぞが政府の要路に立つということがけしからぬ。あんな者どめはやめてしまって、俺と大久保と二人でやる」

といい出した。鳥尾は三人から頼まれて来たのに、その三人をやめろという。さすがの鳥尾もちょっと当惑したが、しかし三人にそのまま報告せぬわけにはゆかぬ。三人もおのれの身のうえと聞いてあたまをかいたが、さりとて今さら引きとめ撤回というわけにもゆかず、ともかく岩倉公に裁断を仰ぐように……というので、鳥尾も行きがかり上、仕方がないから、こんどは岩倉をたずねて、以上の顚末《てんまつ》を話すと、岩倉平気な顔で――

「俺もそう思う。木戸と全然おなじ意見じゃから、大久保にこのことを相談するように……」

との返事――。そこで鳥尾はまた大久保のところにゆくと、大久保は黙って一部始終を聞いていたが、結局――、木戸さんがそういう意見なら、わたしが行って木戸さんと直接面談してみよう……ということになった。……両人会見の席上で、木戸が例のごとく、堂々とその意見を述べて大久保に迫る。大久保は――

「一々ごもっともな御説である。しかし既往のことは仕方がない。これからおたがいにやりましょう……」

この一言に、木戸も少なからず快感を起し、ここに両雄の握手ができて、いよいよ協同の舞台が開かれんとする刹那——、西南の一挙に万事休したというわけじゃ。

鳥尾得庵と鉄砲

長州がイギリスの兵と戦争したときに、鳥尾の話に——

「鉄砲のたまというものは、当らんものじゃね。あのとき、ずいぶん敵に近づいて撃ちあいをしたが、とうとう当らなかった。味方のほうがあまり静かになったぞやと思うて、ふと気がついてあたりを見ると、みな逃げてしもうて、一人もおりはせぬ。こりゃ俺一人で戦争してみたところではじまらんと思ったから、引きあげようとすると、誰やら知らんが、鉄砲一挺すてて逃げとる奴がおる。なにげなしに拾いとってみると、それが日ごろ自分をいじめてばかりいる年うえの、ある悪太郎の鉄砲であった。ちゃんと名前が書いてある。こりゃいいものが手にはいったと思ったから、そのまま持って引きあげて来て渡してやった。そのとき、——君は鉄砲を戦場に忘れて来たね、俺が拾って来てやったよ……といってやったところが、その男はまっ赤になってあたまをかいとったが、それからはいじめぬようになったよ……」

鳥尾も面白い奴じゃ。

勝海舟の人物

俺は、昔から用もないのに、人の顔を見にゆくことは嫌いじゃから、政治家と称するものをあまり多くは知らぬが、勝安芳《かつやすよし》は西郷従道《さいごうじゅうどう》とともに、近ごろの代物とは少しくけたがちがって、器量が大きかったようじゃ。……来島が、

「いちど会って御覧なさい。あなたのことを勝さんに話したら、ついぞないこと、すぐに手帳に名を書きとめていました」

なぞいうて、訪問をすすめたけれども、俺はなにか大きなみやげができるまで――と思うて、とうとう会わずにしまった。しかし、勝にしろ、山岡にしろ、面識こそなけれ、心ではたがいによく照らし合っていたし、一仕事やるときには、勝に一肩になわせようと思うておった。

佐々が熊本で学校を起して、四、五百人の子弟を養成しておったことがあるが、海舟に会うたとき「――学校なぞと手ぬるいことじゃだめじゃ。要路の奴を三、四やっつけるぐらいの元気を出せ……」といわれたそうじゃ。

勝などから見れば伊藤・井上・松方なぞはまるで小僧じゃ。これについて面白い話は、松方が大蔵大臣をしている時のことだ。北岡文平――この男は井上にもゆけば松方にもゆき、勝にもゆき、誰にでも行って通じのよい男だったが、松方はちょうど日本銀行の総裁が欠員で、あと釜に困っておった。ある日、北岡が来あわせると、松方は文平をつかまえ、

「じつは、勝さんにやってもらえればこの上なしの話じゃが、どうしたものだろう……一つ坐ってはもらえまいか」

と困りぬいての話だ。北岡はなにも知らぬから、その足で勝さんのところに出かけた。

「じつは松方蔵相からこれこれの話でありましたが……」

といわれたままを通ずると、勝さんは笑いながら、

「わしが年をとったから、松方はわしに捨扶持《すてぶち》でもくれるというのか、まあよろしくお頼み申しますぐらいにいうとけ……」

すると文平はそれをそのまま松方へ通じたものさ。松方は、勝さんが承知してくれたとでも思うたものか、文平に再度の使者を申しふくめて、

「ぜひとも一骨折っていただきたい」

と申しいれたものよ。すると勝さんは開きなおって、

「バカ者めが、わしは冗談だとばかり思っていたが、なにか――松方は本気でそんなことをいっているのか。よし、本気なら一言いってやるから、松方をここへ呼んで来い」

と、えらい権幕でどなりつけられたので、驚いたのは文平さ。困ったことになりよったとは思うたが、今さらなんとも仕方がない。松方も驚いたが、まちがったともいえぬから、小さくなって出て来ると、

「こりゃ松方――、天下の大豪傑西郷隆盛でも、手ぶらじゃわしを使うことはできんのじゃ。

それをお前にわしが使えると思っとるのか。お前が猫ならわしは虎じゃぞよ。猫に虎が使われてたまるものか」

火の出るような権幕に、松方は一言も出ず、恐惶謹言《きょうこうきんげん》、頓首再拝《とんしゅさいはい》というありさまさ。勝さんは一時にひどく叱りつけておいて、さて言葉をやわらげ、

「お前だってまんざらの男でもあるまい。われわれに代って、これから大いに国政の重任に当らなくっちゃならぬ人間じゃ。そんなあとさきのわからぬような考えじゃ、大臣はちと勤まりかねるよ。これから注意をしなされ。だんだん小言をいってくれる人もなくなるからのう」

と懇々とさとし、

「これは俺の書いた『猫堂《びょうどう》の記』という一篇じゃ。ひまの時に読んで御覧なされ」

というて渡した。この一文は二十枚余のもので、当時の廟堂の諸公を猫にたとえた諷刺文であって、ずいぶん思いきって時弊を剔抉《てっけつ》しておるそうじゃ。

こういう風で、むろん伊藤・井上なんぞの小僧ッ子格とならんで仕事をやることはできない。かつて来島が、井上入閣問題にかんして勝に一書を呈し「――麒麟《きりん》も老いては駑馬《どば》にしかず」と罵倒したのに対し、

世のなかも我もかくこそ老ひ果てぬ
　いはで心になげきこそすれ

と一首を詠んで返したが、この歌のうちに、勝の心は察せられる。

文平の冷汗

勝一件で、文平がもう一つ冷汗をかかされたことがあったそうじゃ。なんでも、文平の旧藩主なにがしが、爵位をすすめてもらいたい希望があったので、勝のもとにつれて行った。むろん自分の代に、一級でもすすめてもらえば、祖先に対しても、また一身一家からいうても面目である……という月並の考えであったらしい。すると勝がいうのに、

「全体あなたがたは、どこに国家に対する功労があるのか――。朝廷が叙爵をせられるということも、祖先の功労を思し召してのことじゃ。あなたが、まこと一家のために陞爵《しょうしゃく》をさしてほしいとならば、よいことがある。第一あなたが切腹なさるがよい。貴殿万歳ののちは、この勝がきっと引き受けて、伯爵になり得べき人物を、御養子としてお世話いたす」

とやったので、両人とも、ほうほうの体で引きさがったが、腹を立てたのはその旧藩主じゃ。陞爵の運動に行って、切腹の勧告とは……。これもひっきょう文平のいらざる世話だてのためとあって、以来文平は出入り差しとめとなったそうじゃ。

丸山作楽の細君

豪傑の奥さんは骨が折れるからな……、丸山作楽が牢にはいっている時、奥さんが詠んだ歌がある――

賤《しづ》が身はますらたけをの妻なれや
　憂きを楽しと暮すこのごろ

というのじゃ。名はお梅さんといった。婿さんが作楽で、嫁さんが梅じゃから、こんな歌もあった――

梅と匂ひ桜と咲かん時を得て
　早く見まほしから国の月

婿さんも婿さんなら、嫁さんも嫁さんじゃ。

林元武の持論

筑前の勤皇家に、林元武というじいさんがあった。元武がいうには――

「日本は、その名からして日の本じゃ。…………。こんにちでは、毛唐の奴らがドンドン鉄道や汽船を作っとるから、昔の六十余州をまわるくらいな時間で、世界一周ができるのじゃ。だから――いまが世界統一の最大好機じゃ」

というのが林じいさんの持論じゃった。東海の一角に、日の丸の旗をおしたてとるけんね。日の丸の手前、申しわけがあるまいよ。

この元武が、まだ前髪の子供のころ、福岡名代《なだい》の柔《やわら》とりがあった。ある日その柔とりの大男と出っくわして、なんぞ子供にからかったと見えてのう、元武がまっ赤になって怒り出した――

「貴様が柔とりじゃというて、いばりゃんな。刀と柔がとれるか、一つとって見やれ」

というが早いか、腰なる一刀を抜きはなって、突き出した。かの男も、子供の元気に驚いたと見えて、

「トントン（坊ちゃん）の刀にゃ、かなわんばい」

というて逃げていったそうな。

白井小介

白井小介《しらいこすけ》というたところで、わかるまいが、長州奇兵隊の豪傑で、高杉東行《たかすぎとうぎょう》直伝の剛の者じゃった。山県なぞも、ずいぶんこの白井には困ったものじゃ。遠慮のない男じゃから、山県なんぞが、高杉がどうしたの、こうしたのと話をしていると、白井はまっ赤になって食ってかかったものじゃ……

「山県――、貴様らが少しばかり手がらをしたからというて、大きな口をきくものじゃないぞ。高杉先生や久坂先生から見れば、貴様や井上は鼻たれ小僧じゃぞ。まるで人間の段がちごうとるのじゃ。それに大きな口をして、高杉だの久坂だのと呼び捨てにするとは、なんたるバカ者じゃ。これからは高杉先生、久坂先生と尊号をつけて話せよ。以後よび捨てになんぞしよったら、そのぶんには捨ておかんぞよ」

と、どなりつけたものじゃ。さすがの山県も、白井の爺さんにはずいぶん悩まされたもので、

小づかいをやっては、おだてあげて、長崎へお帰りを願ったものじゃ。……面白いじいさんさ。

副島蒼海伯

品川弥二郎《しながわやじろう》が内務大臣をしていたとき、選挙干渉がやかましくなって、松方も品川も辞職したのち、副島が内務大臣になった。——そのときの総理は伊藤じゃった。そのころ、副島さんは貧乏で、家令からごくわずかな小づかいを貰うとったそうだ。

副島さんは、大きな時計を持っておられて、手のひらにのせて重さを計りながら「——これはなかなか重いから、品がよいのでしょう」なぞというとった。

副島さんから直接聞いたことじゃが、明治初年——、岩倉と大久保と三人に、明治天皇から二万円ずつ賜ったことがある。そのとき、二人は頂戴されたそうであるが、副島先生だけはとうとうお受けされなかったという話じゃった。先生のいわれるには——

「自分は、平生から衣食に足るだけの俸給を頂戴いたしている。そのほかに特別なお金をいただく理由がないから、それでお受けをしなかったのだ」

といわれた。さすがは一世の国士——、高風欽《きん》ずべしと思うたことじゃ。

こんな話もあるよ。——あるとき、先生の家令が大隈にあって、よもやまの話のすえ、大隈がふと気づいていうには、

「吾輩はなんじゃ——近ごろの、たいへん安い土地を見出した。大いにもうかると思う。先生

は人格者で、いっこう自分のことなぞはかまわぬ人であるが、世のなかはそうばかりはゆかない。先生にお買いなされというても承知される気づかいはないが、そこはお前がたがよく計らって、内々で少々買っておいたらどうだ」

と、大隈流に抜目のない話じゃ。大隈とて悪い気でいうたのではないが、そこは、まるで先生と肌合がちがう。その後、家令がなにかの話のついでに、じつは大隈さんから、しかじか、かようの話でありましたと告げた。すると先生は開きなおって、烈火のようにいきどおり、

「副島老いたりといえども商人のまねはせぬ」

と一言でしりぞけてしまわれた。そこでお台所はますますもって火の車という次第じゃ……

「いや、そんなわけで、年じゅう貧乏はしておりますが、浩然の気だけは養うておるつもりです」

といいながら、大きな腹をなでて見せたりした。中肉中背の小柄な人じゃったが、腹だけは大きく突き出とった。

板垣の言葉に「——いまここに新しく大殿堂を作って、さあ誰をそのなかに据えるかといえば、三条《さんじょう》さんでも誰でもない、副島さんじゃ」というた。「……自分どもが土佐から出て来る時分には、どっちへ向けて鉄砲を打っていいやら、さっぱり見当がつかなかったものじゃが、幸いに副島という益友がおったために、方向を誤らなかった」ともいいよった。——あれが尽忠至誠の人というものじゃ。

大西郷に議会を見せたら

はじめて議会に出て、すぐやめてしもうたのが、杉浦と中江兆民《なかえちょうみん》じゃ。……俺がそのとき副島に向って「この議会を大西郷に見せたら、なんというでしょうか」ときいたら、さすが副島じゃ「――なんともいわん。……ただ、シイッというでしょう」と答えた。それでも、そのころの議会には、選挙民からわらじ銭まで出してもらった代議士がたくさんあった。いまの奴は、金のわいろで足らんで、あたまのわいろまで使うて、なりよる。

李鴻章も一目

副島先生に会うと、なんということはなく襟《えり》を正す気がした。一種犯すことのできない威厳というものがあった。

英国公使のパークスといえば、維新当時の大立物で、飛ぶ鳥も落すという権幕で、眼中人なしという傲慢ぶりを発揮したものであった。彼の眼中、岩倉なく、大久保なしというくらいであったが、さすがのパークスも、副島先生が端然として向われたときには、無礼な口をつつしんだものだということじゃ。

李鴻章《りこうしょう》もなかなかの代物で、伊藤博文や陸奥宗光《むつむねみつ》なぞは、まるで子供あつかいにしたものだと聞いているが、蒼海伯《そうかい》には、いつでも一目おいて話をしたものだそうじゃ。

川上操六

李鴻章は「――日本に川上操六《かわかみそうろく》なる者のあることを忘るるな」と、平生左右の者に話していたものじゃそうな。日清戦争に勝ったのは、川上の力だというてもいい。ひいては、日露戦争に勝ったのも、その余力にほかなるまい。あるとき――川上が支那に行った時のごときは、李鴻章や袁世凱なぞが、よってたかって御馳走をしたという。――こういう恐るべき人間は、うんとうまいものを食わしとくにかぎる……と思うたものと見える。川上の重さを知ることができよう。

星亨

星は幅のある奴じゃ。ただ悪い奴ではなかったようじゃ。……彼らが政友会をこしらえる前に、いちど会うたことがある。……僕の国の早川徳太郎という男を介して、しきりに面会を申しこんで来たが、会うたところで仕方がないというて会わなかったら、ぜひ三十分でもよいからというて、やって来た。そのとき彼は、政友会組織のことを語って、

「ぜひとも加わってくれぬか。もう出てもよさそうなものじゃないか」

というから、

「俺はだめじゃ。そのかわり大井はどうじゃ。あれとは、君も自由党時代に一緒にやった関係

もあるし、今あれも不遇だから、礼を厚うし、情をもって彼を招いたら、かならず応ずるだろう」

というと、星はかつて大井に怒られてこりた経験があるとかで、

「大井は正直者だが、すぐ怒るからだめじゃ」

というていた。大井は大井で僕に、

「星どもと一緒になってはつまらん。奴ら臆病者どもを倒して、われわれの手で天下をとったほうが早い。政友会へゆくよりそのほうがよい」

というて、河野広中《こうのひろなか》と三人で相談をしたことがある。……まあ、なにしろ星もえらい奴じゃった。ずいぶんいろいろな奴が死ぬけれども、ほんとうに死んだような気のするのは星ぐらいのものだ。たいがいの奴が、死んだか死なぬか、ちっともわからぬものじゃ。もっとも、星は伊庭《いば》（想太郎《そうたろう》）にやられる五年前に、ほかの者にやられるところじゃった。そのときは、爆烈弾でやっつけるというのじゃったか、僕が「まあ助けておけ」というてとめておいた。

荒尾精

俺が荒尾とはじめて相知ったのは、明治二十年ごろと記憶する。当時俺は福岡にいたが、そこへたずねて来た。……荒尾は俺より四つ年下で二十代、俺は三十を出るか出ぬかじゃった。けれども、荒尾は、風采態度も堂々としていたし、卓抜なる抱負経綸を雄弁に述べるあたりは

相当の年に見えた。

荒尾は、政党さわぎなぞをよそに、みずから日清貿易研究所をおこし、さらに東亜同文書院の設立に奔走したが、惜しいことに三十八歳で死んだ。

荒尾なぞが生きとったら、かならず事を成しておったと思う。——五十歳ぐらいまでにはむろん内閣を組織したに相違あるまい。しかも、その内閣は、従来の内閣に比し、おそらく格段と強固にして、かつ優秀なるものとなったであろう。

荒尾は「——英雄は四百年にして一たび世に出るものじゃ」というて、暗にみずから英雄をもって任じておった。……荒尾はえらかった。

小村と山座

日英国盟は、小村《こむら》(寿太郎《じゅたろう》)と山座《やまざ》(円次郎《えんじろう》)が、伊藤を出しぬいてやったものじゃ。俺《おん》どもも賛成した。……外交は時のよろしきに従うのじゃ。小村や山座は事務外交はやらなかった。ああいう仕事は事務外交ではできん。

小村が死ぬ一日前に、杉浦が見舞に行って、その足で俺のところへ来たが、そのとき杉浦の話に「——小村は、俺はもうだめじゃが、俺のあとを継ぐ者は山座じゃ……」というたそうじゃ。山座が俺のところへよこした手紙を郡島忠次郎に見せたところが、ぜひわたしにくださいというて持って行って、石版刷にした。……郡島は同郷の者で、正直で親切な国士じゃ。

金と精神

中江篤介がいいよった、「――わたしも、はじめはこれでやろうと思うて、まず金を作りにかかったが、なかなかうまくいかん。いってもいらんでも、金ばかりはどうもならんと悟ったから、このごろでは、金はいらんということにきめてしもうた……」と。フッフッフ、いらんということにきめても、金はいるのう。が、あればなくなる……ないに越したことはない。あってなくならんのは精神ばかりじゃ。

大井と中江

大井憲太郎と中江篤介は、ともにフランスに行って、親友なんだ。それでその後いっしょに、なんか北海道で材木の商売で金もうけをすることがあった。――そのとき、商売の金を大井が使ってしもうた。それから大井に向って、中江が理屈をいうて責めた。そうすると、大井は平気なもんで、

「そりゃあ、それだけつまんでいったら貴様のほうがいいかも知らんが、元来の人間は、俺のほうがよっぽど立派だぞ」

というと、中江が膝をたたいて、

「うむ、そうそう、貴様より俺のほうが人が悪い」

と笑うて、双方が、

「帳消しじゃ、帳消しじゃ」

というて一笑に付した。

雲照と中江兆民

雲照和上《うんしょうおしょう》に手枕を叩きつけようとしたのは、中江篤介一人じゃろう。中江が死ぬときに、誰やらが雲照和上をつれて来た。引導でも渡させるつもりだったのじゃろう。すると中江が、

「一足でもここへいれて見よ、枕を叩きつけるぞ」

と、どなりつけたもんじゃ。自分で腹のなかができとるのじゃ。このうえ、引導なんか必要でない——というつもりなのじゃろうて……。

野蛮

神鞭は野蛮を文明で包んだ男だが、俺は表も裏も野蛮じゃ。

田中正造の借金証文

田中正造《たなかしょうぞう》のことで、栃木のほうへ行ったとき、土地の人がめずらしい借金証文がある……というて見せてくれた。「金五円也」の借用証文じゃが、その但し書が面白かった。「ただし無利

息の事」とあって、さらに一筆書き加えられていた。なんでも——「小生行斃《ゆきだう》れとも相なり候節はこの証文無効たることあるべし……」とか書いてあったようじゃ。文句は違うとるかも知れんが、意味はそういうことじゃった。「行斃れ——」というのがふるっとるじゃないか。しかし、田中はいつでも「行斃れ」になるつもりじゃったのだろう。さようさ——死んだのが七十三歳じゃったから、生きていたら九十に近かろう。なかなか元気のいい人じゃった。

白井のみやげ

三浦観樹のところへ、白井小介から菓子折がとどいた。三浦が、「白井のおみやげとは、どういうことだ。……不思議なことがあるものだ」というて、しばらくすると、菓子屋から代金をとりに来た。そうしたらば、あとで白井がやって来ていうことが面白い——「ほかの奴はなんだが、お前にはみやげを持って来る気持だけはある。……しかし、俺は金を持たん。金はおぬしが持っとるから、おぬしが払え」

赤羽四郎の死

会津の人にはずいぶん知りあいが多かったが、いまは一人死に二人死に、ほとんど生き残った者がなくなってしもうたのう。

赤羽四郎《あかばねしろう》とはいちばん懇意にした。とうとう肺病で死んだがね。肺病になってからも、よくやって来た。「――どうもこんな病気になると、人をたずねても嫌われるから、どこへもゆかんようにしているが、あなただけは平気のようじゃから、ここへだけはおしかけて来るのじゃい……」などというてよく来たものじゃ。いよいよ死んで、焼き場へ持って行ったのが、山際永吾と俺と二人だけじゃった。骨を拾いに行ったのは山際一人じゃ。二人で送り迎えしたような始末で、まことに淋しい死にかたじゃった。

長谷川芳之助

長谷川芳之助《はせがわよしのすけ》は立派な国士で、率直な人じゃった。杉浦と同じように、五、六年神経衰弱で引きこもっておったりして、からだは弱いほうじゃった。五十八で死んだ。杉浦は親切な人で、知人の葬式なぞには、自分のからだの許すかぎり努めて参列した。親しい間柄のものに会うと「――こんどはわたしの番です」といいよったが、誰もその通りじゃと思うた。それが七十まで生きたのは、まったく精神の力じゃね。

長谷川は、杉浦ともっとも親しく交わっとったそうじゃ。長谷川のような烈《はげ》しい人は、まずちょっとない。岩崎弥之助《いわさきやのすけ》の周旋で三菱に勤めたこともあるが、なにかの経緯から岩崎を面罵して、立ちあがってなぐろうとした。そばに居あわせた人が引きとめて、なぐらせはせんじゃったが、長谷川は、それなり三菱をやめてしもうた。人をなぐるようなことはたびたびあった。なぐっても、力なんぞのある身体じゃなかった。大臣でもなんでも電話口に呼び出して、電話で叱りつけたものじゃ。俺は、長谷川が電話で大臣を叱るところを聞いたことがある。……いちどは渋沢栄一《しぶさわえいいち》を面罵したそうじゃ。なんでも、渋沢があまりたくさんの重役や顧問の肩書を持っとるのを責めて「──渋沢の名に釣られて事業に加担する人があるが、その人に迷惑をかけるのは、貴様の責任感が薄いからじゃ……」と、口をきわめて罵倒したそうじゃ。

あれほど烈《はげ》しい人は、めずらしかった。

革丙将軍

高島鞆之助《たかしまとものすけ》は大薩摩の匂いの残っとった人じゃ。乃木将軍が殉死した当時に会うたら「いや──、五寸釘を脳天に打ちこまれたような気がします」といいよった。薩摩人特有のけちなところはちっともなかったね。何かやりたくてしようのないほうで、そのための金策にはずいぶん苦心したようじゃ。いつか金山を手にいれて、だいぶ羽振りがよいという評判じゃったときに会うたら、大得意で「──これからおたがいに小づかい銭には困らんよ」などといいよったが、まもなく立ち消えになってしもうた。同じ汽車で旅行したことがあるが、隅と隅とに坐っとって、話もできなかった。そのうちに、高島のとなりの男がおりて席があいたので、「さあこっちへ来いや」というわけで話したときなども「──有望な鉱山を手にいれて、八、九分どおりうまくゆきそうじゃから、おたがいに成功するように祈ってくれ」という。「いや――、そのことなら俺《おん》どもは平生から祈っとるから、改めて祈らんでもよかろう」と大笑いしたことがあった。

あるとき、高島の家で対座しとるとき、五円紙幣の束を持って来た者があった。それを見て「――これが百円束じゃったらなあ」と歎息しとった。そんな風で、金銭にはまったく、淡白じゃった。

杉浦ついに低頭せず

「低頭卿相を拾う――」ので思い出したが、杉浦が貧乏で困っとるとき、佐々友房が心配して、貴族院議員にしてやろうとしたことがある。桂《かつら》内閣のおりで、桂も杉浦ならよかろうという。そこで話は大体まとまって、いよいよ杉浦に話すばかりになった。そのとき桂がいうには、「そりゃあ、まあよかろうが、俺はまだ一度も杉浦に会うたことがないから、いちど会うてみようよ。顔も知らんというのも、ちとおかしな話じゃからね」

と、そういわれると一応の理屈はある。そこで、佐々が杉浦にことの順序を話し「――ついては桂に一度あってくれ」と頼んだものじゃ。すると、杉浦のいいぶんが面白い――

「いろいろ心配して下さるのはまことにありがたい話で、大いに感謝する次第であるが、会わなきゃあ人間がわからんというのもおかしな話じゃ。まあ、この話はここぎりの話にしておいてくれ……」

と、ことわってしもうて、相変らず貧乏しとった。「低頭卿相を拾わず」の組だね。

議員をやめたわけ

いちど議員になって、翌日やめてしもうた者が二人あるよ。――一人は杉浦重剛、一人は中江篤介じゃ。二人とも僕の家に来たが、そのいいぶりが面白い。杉浦がいうには、

「わたしのような者には、とてもあんな者のつきあいはできません」

中江のいいぶんは、もっとむき出しじゃった――

「俺には、あんな犬か猿のような連中のまねはでききん」

と吐き出すようにいいよったよ。そのころがすでに犬か猿かというのじゃから、今ではもっとさがってしもうとろうて……。猿ならまだ人間に似とるがね。

杉浦は五重の塔

弱そうで長生きしたのは、杉浦もその一人じゃ。友人の葬式なんぞで杉浦に出あうと、誰かがかならず「――こんどは杉浦じゃ」というと、満場一致で賛成したのじゃが、それがとうとう、あの高齢を保った。俺がよくいうたが、――杉浦君は、五重の塔のような男じゃぞよ。風が吹いてもユラユラしとるが、大風が吹いてもけっきょく倒れない。……なかなか負けん気で

気丈なところがあった。

杉浦も、一時はひどい神経衰弱で長いこと引きこもっとったが、御進講に出るようになってから、まったく丈夫になった。健全な精神が肉体を率いると、病気もなおるものと見える。……杉浦が東宮侍講になったことだけは、よいことじゃった。

前に信州の中島という人が来て、熱心に杉浦神社建立の志を説いていった。あの熱心があったらすぐできるじゃろう。当座の費用は自分が出すから、一日も早く着手したいといいよった。建物は簡素でいいから、なるべく広い土地がほしいものじゃのう。あまり遠くない郊外のうちで、適当なところがないことはあるまい。杉浦は神社に祀《まつ》らなけりゃならん人じゃ。

あばたを防ぐ書物

杉浦の「倫理書」は売れるかね。あれを買って読もうと思うような、殊勝な志の者はすくなかろう。売れないからこそ売る必要があるのじゃ。強制的でもいいさ、種痘するようなものじゃ。あばたにならんようにしてやるには、つかまえて種痘しなくちゃならん。日本国民のあばたになるのを防ぐ書物じゃから、強制的にも売らにゃならんて。

杉浦の「倫理書」が中学校の倫理の参考書に使われるというのは、まことによいことじゃ。全国の学校にひろめたいのう。このごろは、学校でも、杉浦流でなくちゃいかん――ということに気がついたようじゃ。ことに小学校がそうなって来た。要するに教師に立派なのがおらんとだめじゃのう。

鉄斎画伯

鉄斎《てっさい》という絵描きがおった。伊藤博文からなにか一つ描いてくれと頼まれたので、念のいった立派なものを描いてやったところが、伊藤が、こんなのよりはいつもの一筆がきがよいから、もう一枚描いてくれというたそうじゃ。そこで鉄斎がいうには「――いや、感ちがいしてはいかん。自分は、朝廷に重んぜられる大官に対して敬意を表するから、まじめなものを描いたので、貴公そのものに対しては、なんとも思っちゃおらん」というて、それからは、決して伊藤には描いてやらなかったそうじゃ。

段祺瑞と孫逸仙

段祺瑞《だんきずい》は立派な人格者のようじゃね。孫逸仙を招いたのも、今にはじまったことではあるまい。なんでも二、三度も呼んだことがあるが、孫はあの通りのきかん気の男じゃから、見向きもしなかったらしいが、それでも段は悪い気も起さず、礼を厚うして孫を招いとる。こんどで四度目ぐらいじゃろう。

三浦梧楼の心事

三浦がいいよったが……「日本も危急存亡に迫って来た。グズグズしている時じゃない。それで俺は、山県、あんたも年を取ってもう長くはあるまい。薬瓶をふところにして斃《たう》れるまでやって見てはどうじゃ。最後の御奉公じゃ。……寿命が尽きるまでやるばかりじゃ」と、だいぶすすめて見たようじゃが、山県は「――こう老衰してはもうお役には立たん」というて応じなかった。そこで三浦は「俺はいま一つ考えなおして、それに代ることをこのごろはやりよる」というていたが、それが例の三党首うんぬんの運動じゃった。

役人の味

三浦に――「護憲三派というが、あまり内輪は仲がよさそうでもないようじゃのう。それでも犬と猿とのような者が、よく一つお膳の飯を食うとるのう……」というたところが、三浦がいうには「――主義とか政策とかいうものもないではないが、まあ役人というものが一緒になっとるのさ。役人がなんだと口ではいうとるが、食うて見りゃ、まんざらでもない味があるからね……」と笑った。産婆さんの三浦が、こんなことをいうのもおかしなものじゃが、案外そんなものかも知れぬて。

三浦観樹病む

このあいだ、ちょっと見舞に行ったが、今度はだいぶ弱っとるようじゃ。声も前ほどに元気がなく、かすれていたよ。それでも僕が行って挨拶をしたら、病気のことなんぞは忘れたかのように、豪傑笑いをしながら「――もうこうなっては、愚痴をいうことも何もないよ。あとは若いものが勝手にやるだろう」というておった。人間が八十も生きれば、年だけでも愚痴はないよ。

三国志の男

三国志に、棺桶のなかから首を出しつつ、死ぬまでしゃべり続けた男があったが――田中（舎身）はあれだね。

死はめずらしいものじゃない

短いこの世に生きているあいだに、何かをつかんでゆこうというのじゃから――それは容易なことじゃない。おとうさん（田中舎身）は、それをつかんだのじゃ。……千人が千人、何もつかまずにゆくのに、おとうさんはそれをつかんだのじゃ。やるだけのことはやったのじゃから、いま死んでも、これから先――長く生きても同じことじゃ。……おとうさんやこっちは、生死というものを、はじめから超越しているから、いま死が来ても、別にめずらしいこととも思わん。

おとうさんは、なんでもできないことはなかった。……書でも、自分は作振会から頼まれたが、わしのを出せば不作振会になるというてやったら、それでもよいからというので、書いてやった。……こんなくらいなら、せめて歌だけでも、自分で作れるようにしておけばよかった。

舎身の薬舌

舎身居士を毒舌だというが、心に毒がないから毒舌ではない。世を益するために呈する薬舌苦言じゃ。――良薬は、昔から口ににがいと、きまっとる。……巧言令色ではいかん。巧言令色は、うわべはよいが、精神にまことがない。じゃから、なんの益にもならん。

趣味と嗜好

相撲

相撲は好きじゃ。先代梅ヶ谷《うめがたに》の全盛時代から見よる。特別ひいきの力士なぞはない。近ごろ西洋の運動競技が盛んになって相撲は衰えたが、また盛んになる時が来る。なにも西洋のことをまねることはないのじゃがね。少々悪くとも、日本のものをやるがよい。

横綱が絶えた

こんども大相撲は一日だけ見たよ。横綱が足をとったことかね。ほんとの横綱でないんじゃから足も取るじゃろうよ。筑前の産で、梅ヶ谷という横綱があった。七場所のあいだ、一度も負けたことがなかったが、とうとう一度負けた。それっきり引退してしもうたがのう。常陸山《ひたちやま》ぐらいならば足もとるまいがのう。碁なぞでも同じことじゃ。六十年ばかり名人というものが絶えておったが、秀栄《しゅうえい》という八段が出たので、俺《おん》どもが主唱して名人に推薦したことがある。政治も同じじゃ、――横綱が絶えたのう。

巨人の時代

常陸山・梅ヶ谷時代と今とは、ずいぶん変遷はしたが、大した変りはない。いったいに相撲が巧者になって、力士のたけが高くなったように思う。常陸山時代に、六尺以上の者はあまりいなかった。いま――、大きいのでは、出羽ヶ嶽《でわがたけ》が一番じゃが、病気だそうじゃ。あまり大きい奴は、どうも病気があるようだのう。大砲《おおづつ》というのがおったが、腸が悪かったので、全力を出すことができなかった。鳳凰《ほうおう》という大関から直接聞いたことじゃが「――大砲があのからだで糞をたれかぶらなかったならば、常陸山もかないません」といいよった。四ツに組んだなら、誰も動かすことができん。十日の相撲をことごとくわけにしたことがある。……国技館はあいかわらず盛んじゃ。見ていて、あれくらい力のはいるものはないからのう。

相撲と拳闘

相撲はいい。拳闘なぞはだめじゃ。相撲とりがすこし拳闘の稽古をすれば、とてもかなわんそうじゃ。だいぶ以前じゃが、アメリカの拳闘家が来たとき、内田が試合を申しこんだことがあった。俺のところへ来て、もしもやっつけたら秘蔵の刀をくれ……というから、やる約束をしたが、向うで逃げてしもうて、試合はできなかった。

風邪の妙薬

久しく風邪を引いたうえに胃腸をこわして、絶食したり重湯を飲んだりしとったが、相撲は十五日間休まずに見た。相撲を見たらなおってしもうた。人は相撲を見ると疲れるというが、自分はそんなことはない。若い奴でも相撲を見とるあいだに、二度も小便に立つのがあるが、自分は小便は遠いほうじゃ。

相撲紹介

このあいだの俺の八十八の祝いで、はじめて相撲を見て、相撲好きになったという人がだいぶある。俺が相撲を紹介したわけじゃねえ。こんど横綱になった安藝海《あきのうみ》にまわしをやりたいという男が、字を書いてくれというて来たから、「天行健」の三字を書いてやった。男女川《みなのがわ》には

「智仁勇」と書いてやっとった。あれは横綱と太刀持ちと露払いと三人で締めるのじゃから、三字書いた。

安藝海と一緒にこんど横綱になった照国《てるくに》は立派なからだじゃ。梅ヶ谷というのはああいう恰好をして、あれより十貫目多かったから、大きなものじゃった。相模川《さがみがわ》というのは人間ばなれのした骨格じゃ。あれが相撲巧者になったら、横綱になるじゃろう。

三人の碁

熱海の三浦の別荘に犬養と古島がいるので、四、五日行って碁を打って来た。三人とも碁は好きじゃからのう。青厓《せいがい》山人も一日やって来た。青厓も好きじゃわい。そしてじつに面白い碁じゃ。自分より下の者に対しては、まるで段ちがいのように強いそうじゃ。「この下手が……」とかいいながら打ちよったよ。

犬養の好きにはかなわん。いつじゃったか、国民党で問題を起して除名されそうになった時のことじゃったか、俺のところへ大和の金持の息子というのが来て、いちど手合わせしてほしいというたが、一度は門前ばらいを食らわして、二度目に来たときに会うた。打って見ると、俺より少しうえで、なかなか面白い。そこで犬養のところへ電話をかけて――

「面白い男が来とるから打ちに来んか」

というてやったところが、

「いや、せっかくじゃが、きょうは例の問題でせわしくてやりきれんから、ゆけない」

という。

「そうか――、俺よりは少々うえのようじゃから、お前と打ったらちょうどいいと思うが、それじゃ仕方がない」

というて電話を切ろうとすると、

「ちょっと待ってくれ」

というて、しばらく考えるようじゃったが、

「それじゃあ、ゆこう」

というわけで、とうとうやって来た。来たはいいが、有象無象《うぞうむぞう》が四、五人ついて来て、玄関とのあいだを行ったり来たりしては、五分間おきぐらいに「――先生、ちょっと」というようなわけで、耳打ちをされるという始末じゃった。それでも二番ばかり打って、二番とも勝って。

犬養の碁の打ちかた

碁の打ちかたにしてもそうじゃ。――犬養のはカチリと地響きさせよるが、それでも打ったような気がせんと見えて、指の先でかならずウンとおし出しよる。あれのは碁を打つのじゃない、まるで押しこむのじゃ。

碁は俺が先《せん》じゃ。犬養は立助《りゅうすけ》（頭山立助）に先でゆくし、古島が犬養に先でゆく。俺はおやじでも、立助に二目おくのじゃ。神鞭は息子に白を持って、六目おいてやっとった。

小岸六段の子供のころ

このあいだ、支那から少年碁客が来たね。年は十五だそうじゃが、なかなかえらいものだそうじゃ。……碁は支那から渡って来たものじゃ。

死んだ小岸《こぎし》六段が子供のころ、師匠の野沢《のざわ》が、このまま行って慢心するといかんと思うて、三目おかせてひどくやっつけてやろうとした。だんだん打ってゆくうちに、小岸のほうに、野沢が一石打ちさえすれば死ぬ石ができた。また一方に、小岸がどうしても手が抜けないところがある。どうするかと思うていると、死ぬ石をほっておいて一方のほうへ打ったので、野沢がここだとばかり戒めるつもりで叱りつけた。ところが死んだと思った石が、いつのまにか生きてしもうた。あとで、あの場合こうしたらどうする、ああ打ったらどうする……と問いつめて見ると、小岸が一々それに答えて、野沢の知らん手まで知っとるので、すっかり感心して、こやつはわしより一目以上強くなる……というておった。

正座した女棋客

碁界の名手として知られているあのおふみが、碁盤に対して正座しているところを見ると、きちんとして、からだに鵜《う》ほどの隙がなかった。見あげたものだ。……伊藤博文は、たいがいの芸人を征服して得意がっていたが、このおふみ城だけは、とうとう落城さすることができなかったという話じゃ。

風邪の玄関ばらい

風邪をひいて二、三日寝た。はだかになって灸をすえとったところが、すこし寒かったから、その晩——、早く寝ようと思うとったら、碁打ちが来て、つい夜ふかしをしたものじゃから、とうとうやられた。いつも、くしゃみぐらいのところで玄関ばらいを食らわすのじゃが、ちょっと油断するといかん。

一の字

俺たちの手習いはじめは、たいがい「一」の字を書きよった。まちがわないのと、面倒でなくてよいからじゃ。このごろは、だんだん字画や字数が多くなって来たから、いくらでもまちがいよる。

書道外でゆく

俺の書は、少しでも書道を学んだ者にはまねができんそうな。本人が書道外でいきよるけんね。

書きたい放題

俺はほんとうの野育ちで、礼儀作法というものはまるで知らん。字なぞも、書きたい放題の字をのたくるだけじゃ。屏風《びょうぶ》なんぞを書けといわれたって、書けるものか。諒闇《りょうあん》のあいだは、青い印をおすものじゃということも、犬養に聞いたからそうしとるのじゃ。

項羽の次席

むかし、項羽《こうう》が「――書はもって姓名を記すに足る」というとるが、俺のは「書はもって姓名を記すに足らず」ぐらいのところじゃ。それでも項羽の次席には位しとるわい。

燃えぬ前のたきつけ

そりゃ、よいあんばいじゃや。火が燃えついて来たと見える。燃えつかん前のたきつけに――と思うて、わしどもも書いたのじゃが、それじゃもう書かんでよかろう。

同じ筆を八年

この筆は八年使うとる。おなじ筆を八年も使う奴は、自分ぐらいのものじゃろう。

自分からは書かぬ

木堂《ぼくどう》はあれで、なかなか趣味が広くて、書なぞもいろいろ工夫しとるようじゃが、わしは一度も自分から書いて見ようという気になったことがない。

同じもの四十枚

僕は書を書くのではない、書かせられるのじゃ。いつぞやは、四十人もいっしょに頼んで来たから、四十枚とも同じものを書いてやった。不足をいう者があると困るからのう。

偽書

いつぞや、佐々木照山《ささきしょうざん》がいうには「――あなたの書をどこやらで見たが、ちと変だったから、偽筆にちがいないというたら、主人がひどく落胆しよった……」というから、なんと書いてあったとたずねたら「酒半酔花半開――」とあったそうな。そんなことはちっとも書いたことはない。酒の味なんか、てんから知らん男じゃからね。

至孝千載芳ばし

先立って、田中舎身がすすめるので、長良川《ながらがわ》の鵜飼を見物したよ。いい風光じゃのう。……

例の養老の瀧にも杖をひいた。あそこに孝子の碑を建てるとかいうので、なにか書いてくれと頼まれたので、金釘流《かなくぎりゅう》を染めて来た。その文字は、たぶん――「至孝千載芳」と書いたように覚えとる。

相撲と書は

土俵があると相撲がとりにくうていかん。「水」の字が小さすぎてほんとうに「痕」がなくなってしもうたねえ。こんなのは、展覧会にはあるまい……。鈍刀で断ったところで、水には痕がない。無痕というがよいよ。

手習いをせぬ報い

書はますます頼み手が多くなって、やたらに書きよる。子供の時分、親に手習いをせえというて叱られたとき、せんものじゃから、今になってその報いが来たんじゃ。書くことは書くが、碁と同じことで、ちっとも手があがらん。

酒もタバコも

自分は若いときからわがまま者で、嫌いなことは、あくまで嫌いでおし通して来た。

自分は生来酒が嫌いで、若いときから一滴も飲まなかった。人もすすめなかったよ。――貴様は酒を飲まんでちょうどよい、そのうえ飲まれたらたまらん……なぞいうてね。酒呑みから、だいぶ釣りをとるほうじゃ。

知っている者を見てもそうじゃが、大酒をする人は、たいてい、しまいにはたたられるようじゃのう。酒で健康をそこねんじゃったのは、例の南天棒《なんてんぼう》ぐらいのものじゃ。南天棒も、はじめは飲まなかったそうじゃが、酒を飲まんとえらくないように人のいうのが癪にさわるから、酒ぐらいなんじゃ——と思うて飲み出したのだそうじゃが、五升ぐらいは飲んだようじゃのう。

タバコも嫌いじゃ。タバコのみがタバコをやめるのは、随分つらいようじゃね。胃の悪い人なぞで、タバコをやめてから肥るものがあるのう。妻は、胃がわるいのでタバコをやめたが、はじめはなかなかやめられんようで、かくれてすいよった。俺が見つけて、——そんなことをするから、やめられんのじゃというて、タバコを縁の下へ捨ててしもうた。それからずっとやめられた。こんどは肥り出して困ったことがあったから、——すこしタバコをやって見ろというて、すい出したところが、癖せて来た。あやつの肥瘠《ひせき》はタバコで自由になる。

禁酒禁煙

寺尾が中気にかかった。けれども酒をやめんので「——天下の安危に任ずる者が、酒をやめられないでどうするか。……中気は二度かかると死ぬのじゃぞ」というて、やめさせたことがある。

タバコをやめるには、器具を捨てんといかんね。宮川五郎三郎もタバコが好きで「——からだに悪いと知りつつ、こればかりはやめられません」というから、「タバコぐらいやめきらん奴に何ができるか。まずその持っているのを捨ててしまえ」というて、捨てさせたことがあった。それからずっとやめて、おかげで丈夫になった……なぞいうようになった。

酒を飲まずとも

俺は酒を飲まんでも、いつも愉快だ。ほかの者が酔うとるぐらいは、俺は飲まんでも酔うとる。飲んだ酒はさめるが、俺の酔いはさめることがないよ。

梅干

わしは、梅干を一年に一万個も食べた。一年三百六十五日、毎日——、梅干を三十個も食べた勘定になる。……胃潰瘍には、酸《す》いものがいけんそうじゃね。

わしは胃潰瘍を三度やった。……塩と氷を一日じゅう飲んで、荒療治をした。これは、おれ一人のことじゃろう。ほかの者にはできんこっちゃ。

鰻

俺は酒を飲まぬ代りに、食うことだけは、ときに過ぎて胃を食い破ることじゃ。……いつかも杉山に呼ばれて、竹葉《ちくよう》に鰻食いに行ったとき、例の流儀で、のどにまでつかえるほどつめこんでから帰ったが、からだの伸び縮みができない。そこで、相撲とりが柱にぶつかるように、二階で柱を相手にドシンドシンと腹ごなしをやっとると、下では何事が起ったのかと、女どもが驚いてあがって来た。そうこうするうちに、からだじゅうが冷えきって、引きつけるような痛みが出たので、しばらくじっとしとったが、これは湯にはいって温まるがよかろうと思うたので、かがみながらようやく湯殿までおりて行った。熱すぎるから水あんばいをするというのをとめて、その熱い湯のなかにしばらくはいっているうちに、だんだん身体が温まって来て、胸のあたりがグーッといってすいて来たから、そのとき食物を吐き出して、ようやくなおったことである。

がんらい俺は若いときから、いかに無理をしてもこわれないような身体でなくては、真の丈夫な身体とはいわれない――というような考えで、ずいぶん無茶なことをやり、こわしてはなおし、またなおるに従ってこわすというようなバカなことをしたものだ。

山椒魚

支那へ行ったとき、岑春煊《しんしゅんけん》のところで御馳走になったことがある。いろいろなうまいものを自分ではさんで皿にとってくれた。そのうち、大きな生きた山椒魚《さんしょううお》を笊《ざる》にいれて持って来さして、これがこれです……というて、料理したのを皿に盛ってくれたが、非常にうまいものじゃった。

松葉

松葉は前からやっとるが、効能があるようじゃ。あまりうまいものじゃないが、まずくもない。口がすうっとしていいね。松葉を食うことは、昔からあるようじゃ。天保の飢饉のときにも食うたことがあるし、薬に用いたこともあるようじゃ。これが、もっとうまいものじゃったら、みな食うようになるじゃろう。

歯かね、……俺は歯は丈夫で、若いときから歯のいたいことを知らん。前歯は欠けたが、このあいだ杉山が世話を焼いて、いれ歯をいれてくれた。

日本刀

刀剣は、日本において神器である、霊器である。むかしは刀剣を武士の魂というた。わしも少年時代から刀剣を好む一人じゃったが、鑑定なぞは今もってわからぬ。

鞘《さや》をはらって燈火に見ると壮快じゃや。一揮《いっき》して奸邪《かんじゃ》をはらい、再揮して天下を清めようと思うた少壮時代もある。いまや国家内外多事のさい、国民がようやく日本本来の精神に立ちかえりつつあるのは欣快に堪えない。いまの学者・教育家も、日本刀を護符として、朝夕これを礼拝して大いに覚醒するがよい。当局者も、日本刀を神秘の御霊と崇《あが》め、一刀を奉祀して至誠その責めに任じ、日本を万古につちかうよう努むるが第一の要諦じゃ。

名刀

真の名刀は、しろうとが一目みて感ずるものじゃ。抜いたとき、気が迫って来るのがわかる。いまから三十四、五年前のことじゃが、ある刀屋が志津《しづ》の刀というのを持って来て、そのころ値も安かったにかかわらず、三百五十円だという。研ぎすましてあったが、そんなにいいとも思わなかった。かえってそれといっしょに持って来た十円という錆刀が、ところどころ光っているところに容易ならんものがあるので「——こりゃ大したものじゃから、あずかっておこう。真価がわかったらいつでも取りに来い」というてやった。……あとで、それが立派な三条の小鍛冶とわかった。志津のほうは、はたして偽じゃった。

〔完〕

頭山 満〈とうやま・みつる〉
一八五五年（安政２）福岡に生まれる。社会運動家。号は立雲。父は福岡藩士・筒井亀策。七六年（明治９）、萩の乱に連座し、西南の役を獄中で迎える。出獄後、向陽社（のちの玄洋社）を結成し自由民権運動に投じ、次第に国家主義・アジア主義に傾く。亡命中の孫文、金玉均、ビハリ・ボースらを援助し、また黒龍会の顧問も務めるなど、在野にあって外交・内政に隠然たる影響力を持った。戦中の一九四四年（昭和19）没す、寿八十九。

頭《とう》山《やま》翁《おう》語《ご》録《ろく》

頭山満 著

二〇二五年五月二十二日初版 発行

土曜社

東京都江東区東雲一-一-六-九一

本　は　土　曜　社

西暦	著　者	書　名	本　体
1969	岡　潔	日本民族の危機	1,998
	オリヴァー	ブルースの歴史	5,980
1971	シフマン	黒人ばかりのアポロ劇場	1,998
1972	ハスキンス	*Haskins Posters*（原書）	39,800
1978	山岡荘八	山岡荘八自伝	1,998
1991	岡崎久彦	繁栄と衰退と	1,850
1999	藤平光一	氣の確立	1,998
2001	ボーデイン	キッチン・コンフィデンシャル	1,850
2002	ボーデイン	クックズ・ツアー	1,850
2012	アルタ・タバカ	リガ案内	1,991
	坂口恭平	*Practice for a Revolution*	1,500
	ソロスほか	混乱の本質	952
	坂口恭平	*Build Your Own Independent Nation*	1,100
2013	黒田東彦ほか	世界は考える	1,900
	ブレマーほか	新アジア地政学	1,700
2014	安倍晋三ほか	世界論	1,199
	坂口恭平	坂口恭平のぼうけん	952
	meme（ミーム）	３着の日記	1,870
2015	ソロスほか	秩序の喪失	1,850
	坂口恭平	新しい花	1,500
2016	ソロスほか	安定とその敵	952
2019	川﨑智子・鶴崎いづみ	整体対話読本　ある	1,998
2020	アオとゲン	クマと恐竜（坂口恭平製作）	1,500
2021	川﨑智子	整体覚書　道順	895
	川﨑智子・鶴崎いづみ	体操をつくる	1,900
	増田悦佐	クルマ社会・七つの大罪	2,998
2022	川﨑・鶴崎・江頭	整体対話読本　お金の話	1,998
	川﨑智子	整体覚書　道程	895
2023	鶴崎いづみ	私のアルバイト放浪記	1,998
	川﨑智子	整体対話読本　こどもと整体	1,998
2025	川﨑智子	整体覚書　道理	999
年二回	ツバメノート	A４手帳	1,599

本　の　土　曜　社

西暦	著　者	書　名	本体
1923	山川均ほか	大杉栄追想	952
	大杉栄	*My Escapes from Japan*（日本脱出記）	2,350
	頭山満	頭山翁清話	1,998
	マヤコフスキー	声のために（ファクシミリ版）	2,850
	マヤコフスキー	これについて	952
1924	マヤコフスキー	ヴラジーミル・イリイチ・レーニン	952
1925	頭山満	大西郷遺訓	795
1927	マヤコフスキー	とてもいい！	952
1928	マヤコフスキー	南京虫	952
	マヤコフスキー	私自身	952
1929	マヤコフスキー	風呂	952
1930	永瀬牙之輔	すし通	999
	福沢桃介	財界人物我観	1,998
1932	二木謙三	完全営養と玄米食	999
1936	ロルカ	ロルカ詩集	2,000
1939	モーロワ	私の生活技術	999
	大川周明	日本二千六百年史	952
1941	川田順	愛国百人一首	1,998
1942	大川周明	米英東亜侵略史	795
	二木謙三	健康への道	2,998
1943	頭山満	頭山翁語録	1,998
1952	坂口安吾	安吾史譚	795
1953	坂口安吾	信長	895
1955	坂口安吾	真書太閤記	714
1958	池島信平	雑誌記者	895
1959	トリュフォー	大人は判ってくれない	1,300
1960	ベトガー	熱意は通ず	1,500
1963	プラス	シルヴィア・プラス詩集	2,800
1964	ハスキンス	*Cowboy Kate & Other Stories*	2,381
	ハスキンス	*Cowboy Kate & Other Stories*（原書）	79,800
	ヘミングウェイ	移動祝祭日	999
	神吉晴夫	俺は現役だ	1,998
1965	オリヴァー	ブルースと話し込む	1,850
1967	海音寺潮五郎	日本の名匠	795
1968	岡潔・林房雄	心の対話	1,998
1969	岡潔・司馬遼太郎	萌え騰るもの	999

土　曜　社　の　本

西暦	著　　者	書　　名	本 体
1713	貝原益軒	養　生　訓	895
1791	フランクリン	フランクリン自伝	1,850
1812	水野南北	修　身　録	1,399
1815	酒井抱一	光琳百図（全四巻）	各1,500
1834	二宮尊徳	三才報徳金毛録	999
1856	富田高慶	報　徳　記	2,998
1884	福住正兄	二宮翁夜話	2,998
1886	ランボオ	イリュミナシオン	2,200
1894	渋沢栄一	雨　夜　譚（あまよがたり）	895
1896	富田高慶	報　徳　論	999
	ユ　ス　ト	自然に帰れ	1,998
1897	勝　海　舟	氷川清話	895
1900	福住正兄	二宮翁道歌解	999
1903	二宮尊親	報徳分度論	999
1904	岡倉天心	日本の目覚め	714
1906	岡倉天心	茶　の　本	595
1911	柳田國男	名字の話	595
	二木謙三	腹式呼吸	999
1914	マヤコフスキー	悲劇ヴラジーミル・マヤコフスキー	952
1915	マヤコフスキー	ズボンをはいた雲	952
1916	マヤコフスキー	背骨のフルート	952
	マヤコフスキー	戦争と世界	952
1917	マヤコフスキー	人　　間	952
	マヤコフスキー	ミステリヤ・ブッフ	952
1918	アポリネール	アポリネール詩集	2,800
1919	大　杉　栄	獄　中　記（新版）	1,998
	テ　ス　ラ	テスラ自伝	近刊
1920	マヤコフスキー	一五〇〇〇〇〇〇〇	952
1922	マヤコフスキー	ぼくは愛する	952
	マヤコフスキー	第五インターナショナル	952
	エリオット	荒　　地	2,000
	大川周明	復興亜細亜の諸問題（上・下）	各495
1923	大　杉　栄	日本脱出記（新版）	1,998
	大　杉　栄	自　叙　伝（新版）	1,998
	大　杉　栄	大杉栄書簡集	1,850
	伊藤野枝	伊藤野枝の手紙	1,850